昭和12年とは何か――目次

装丁　作間順子

昭和12年とは何か

大日本帝国とその周辺　昭和12（1937）年1月1日

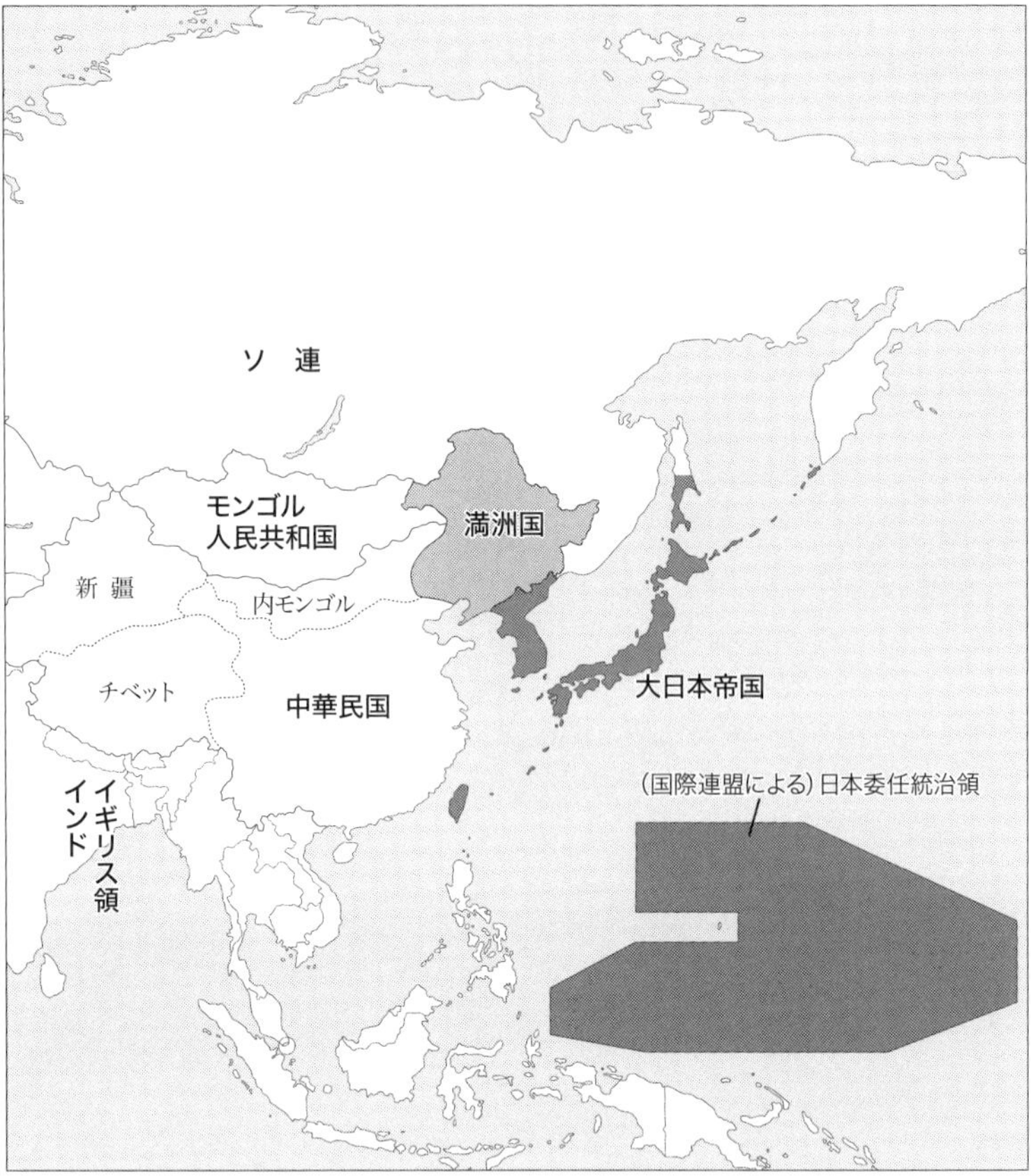

大東亜共栄圏　日本の最大勢力のおよんだ範囲

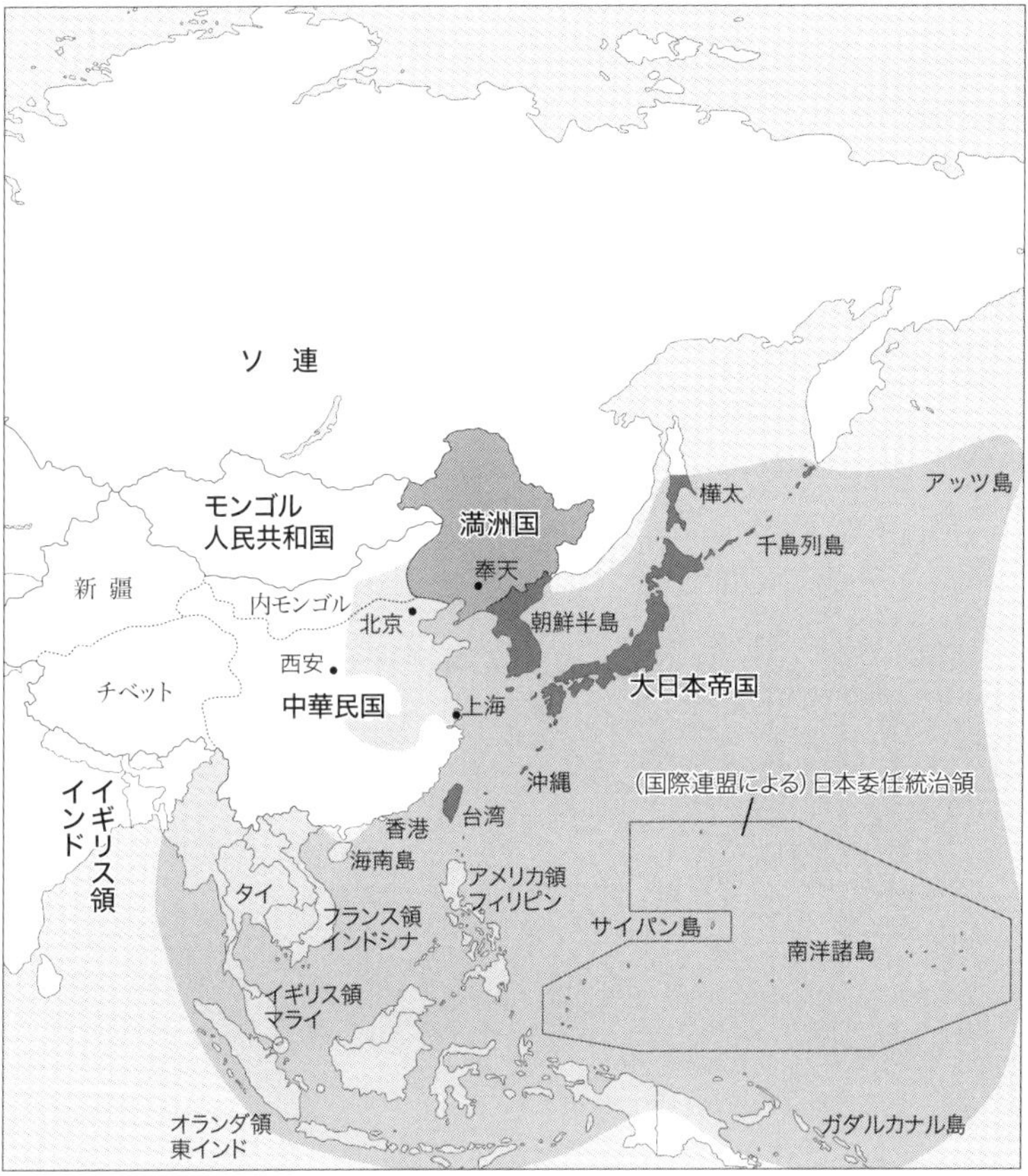

●昭和十二年学会　趣意書

この度、「昭和十二年学会」を有志によって立ち上げる運びとなった。本会は、昭和十二年（一九三七年）に、我が国と世界で起きた歴史事象の研究、並びにその研究者相互の協力促進を目的とする。

昭和十二年は、日本にとって運命の年であった。支那事変（戦後は日中戦争とも呼ぶ）がこの年に始まる。盧溝橋事件、通州事件、上海事変、正定事件、南京事件はすべてこの年に起きたものである。

大東亜戦争（戦後、太平洋戦争と言い換えられ、最近ではアジア・太平洋戦争という造語もある）に日本が負けたあと、「戦後歴史学」の通説は、戦前の日本が、善良な国民ばかりの中国を侵略した悪逆非道な国家だったと規定するかのような傾向がある。いまだに多くの日本人が、日本は侵略国家だったと思っているようだが、それは果たして学術的検証の結果であろうか。この点を解明するためにも、「昭和十二年」は重要な研究対象である。

本来、歴史学が目指すべき歴史とは、さまざまな立場で書かれた史料のあらゆる情報を、筋道を立てて一貫した論理で説明してみせることである。また、当時の時代背景を再現し、そこで生きた人々の気持ちを理解し想像できるようにすることである。

本学会は、日本史と世界史という縦割りの区分を取り払うだけでなく、既成のさまざまな学問、たとえば歴史学、政治学、法学、経済学、軍事学、社会学、心理学、哲学などの専門分野の枠組みを超えて、昭和十二年に起こった諸事件について、真実を追究することを目標とする。

本学会は、専門分野の異なる学者たちが、イデオロギーにとらわれない公平・公正な研究により、切磋琢磨して公論をつくっていくことを、全力で応援するものである。

（平成三十年六月六日）

●昭和十二年学会

昭和十二年（一九三七年）に我が国と世界で起きた歴史事象の研究、並びにその研究者相互の協力促進を目的として、平成三十年五月二十八日に創立。会長に東洋史を専門とする歴史学者・宮脇淳子氏が就任、事務局長を憲政史家・倉山満氏、大会準備委員長を教育学者・藤岡信勝氏が務める。

●座談会

司会＝藤原良雄（藤原書店社主）

二〇一八年六月二十一日　於・藤原書店

序章　日本と世界、「昭和十二年」へ

——問題提起

――まず、この「昭和十二年」という年が、日本だけではなく世界的に見て大変重要な年だ、ということから進めていきたいと思います。第一次世界大戦が大正七年（一九一八年）に終戦し、戦後の世界体制が決まりつつある中、一九二六年、日本は大正から昭和という時代に入ります。

昭和以前には例えば大正デモクラシーといった運動があり、大正十四年（一九二五年）の三月にはそれまでにはなかったラジオ放送という電波メディアが生まれました。治安維持法と抱き合わせですけれども、普通選挙法が公布されるのも大正の終わり、大正十四年です。

そうして昭和に入っていくわけですが、「昭和十二年学会」という学会の名称の通り重要年とする昭和十二年までの、昭和という時代がどういう時代であって、そしてなぜ昭和十二年が重要なのか。昭和に入ってから十二年までの時代を、みなさんに総括していただければと思います。

共産主義の脅威と貧困問題

藤岡信勝（以下、藤岡）　いま藤原さんが治安維持法について言及されました。まず、それをきっかけにいろいろ考えてみたいと思います。一つの解釈として、治安維持法は普通選挙法と抱き合わせでつくられたという議論があります。現行版の教科書は、おおむね、この「抱き合わせ説」をとっているといえます。書き方は、まず普通選挙法のことを書き、すぐに続けて、「一方で政府は、天皇中心の国のあり方を変革したり、私有財産制度を否定したりする運動を取りしまるため、同じ年に治安維持法を制定しました」（教育出版　中学校教科書）のように書くのが定型化しています。

しかし、実は治安維持法はソ連（ソビエト社会主義共和国連邦）を日本が国家として承認するという方針と抱き合わせでつくられた法律でした。若くして他界された政治学者の坂本多加雄先生が著書『象徴天皇制度と日本の来歴』（都市出版　一九九五年）などで指摘しています。

ソ連を承認するということは、外交関係ができるということです。日本に領事館あるいは大使館などが置かれるようになります。すると、それらを介して、日本国家に対するいろいろな謀略活動あるいは破壊工作を行う人たちがたやすく入ってくることになります。したがって、外交の一方では、そうした活動を取り締まるということをしなければいけない。ソ連は非常に特殊な国家でした。とはいえ、いつまでも外交関係を持たないわけにはいきません。そういった事情の下、治安維持法はやむを得ず、どうしても必要だという脈絡があったわけです。教科書では、ソ連の破壊活動という問題が隠蔽されています。

昭和という時代は、共産主義の脅威をきわめてひしひしと感じる時代に入っていたということを、いま改めて思います。

「昭和十二年学会」の一つの大きな研究テーマともなるでしょう。

もう一つ、大正時代は大戦景気の時代でした。いわゆる成金や財閥が伸長する時期でした。そういった状況下ではやはり、普通の意味で言う貧富の格差が広がります。当時は、我々が想像する以上に、今で言う自由主義経済というもの、弱肉強食の資本主義に近いような形で経済は発展しました。そこから発生した貧困問題といったものがまた、もう一つ、大きな問題の軸としてあったのではないかと思います。そういった問題に昭和という時代がどう対処してきたか、そういう角度で見ていく必要もあるのではないかという気がします。

そこで昭和十二年ですが、この前年、昭和十一年に二・二六事件が起こりました。これは、農村の貧困問題を引き金とした動きでした。もう一つは、この年の十二月に、西安事件が起こっています。蔣介石が中国共産党と抗日で協力することを認めたのです。これは東アジアの二十世紀の不幸な歴史を決定づけた事件でした。この半年後、つまり、昭和十二年七月七日に盧溝橋事件が起こるのです。

「日露戦争後の平和ボケのなれの果て」の時代

倉山満（以下、倉山）ご質問ですので、私個人の歴史観というか、歴史をどう捉えているかを申し上げたいと思います。私は、昭和十二年を、「日露戦争に勝った後の、明治四十年（一九〇七年）以降の平和ボケのなれの果て」という位置づけで考えています。もちろん、昭和二十年が破滅であり、そのまま戦争に負けっぱなしの状態、つまり現代こそがなれの果てと言えばそうかもしれませんが。いずれにしても昭和十二年が転機であったことは間違いありません。

よく、「戦後レジーム」とか「平和ボケ」という言葉が使われます。では、それらの状態は昭和二十年から始まったのか？　敗戦が無ければ「戦後レジーム」なんて言葉は不要な訳です。敗戦に至った原因は、昭和二十年以前にあるに決まっています。昭和十二年は、日本が敗戦に至る戦いが始まった年です。昭和六年の満洲事変は八年に終結し、十二年に始まった支那事変が終わらないまま、大東亜戦争に突入して敗戦に至る。昭和十二年とはそういう意味で重要です。

ちなみに、満「洲」事変、「支那」事変、大東亜戦争という用語は思想信条で使っているのではなく、当時の正式呼称を用いるのが歴史用語として正しいと判断して使っています。もちろん、左派の自虐的な歴史の記述のあり方に与する気もありませんが、では戦時中の日本がバラ色の国だったというような歴史観にも疑念を呈しています。そうした私のいわゆる左右の歴史論争への一つの解答が、『お役所仕事の大東亜戦争』（三才ブックス　二〇一五年）です。

さて、なぜ明治四十年からなのかと言えば、前掲書で内閣ごとに分析して述べたのですが、幕末維新以来の日本人の緊張の糸が、日露戦争に勝ったことによって切れてしまう時代がここから始まるからです。マクロ的な視点で見れば、昭和全体がその「なれの果て」と言えるかもしれません。

藤岡 日露戦争の勝利で安全保障問題が解決したということが決定的でした。

倉山 はい。日露戦争に勝って日本は、十年間は何も考えなくても生きていける国になりました。そして本当に十年間何も考えずにいたおかげで隣国でロシア革命が起きた時、大変なことになるわけです。これが大きな流れです。

藤岡 『お役所仕事の大東亜戦争』は私も拝読しました。普通の歴史の書き方と全く違って、内閣ごとに区切り、総理大臣をはじめ主要な役者の人物像や人物評価がストレートに書かれています。だから、そのおろかさかげんもリアルなイメージを伴ってわかる点でユニークな本です。

倉山 ありがとうございます。ちょっと話をミクロに戻します。私にとっての昭和十二年は、昭和八年（一九三三年）以降を特に問題とします。『学校では教えられない歴史講義　満洲事変』

（ＫＫベストセラーズ　二〇一八年）では、肝になる昭和六年～八年の若槻礼次郎・犬養毅・斎藤実の三代の内閣の話の前に、日露戦争勝利から昭和六年までの前史をつけ、前史、若槻内閣、犬養内閣、斎藤内閣の四章構成にしました。私は満洲事変を専門としていますが、その目で見ると昭和八年以降の四年間が昭和十二年の前史にあたります。

昭和八年以降十二年までの四年間を見ると、日本はひどい国であったなどとは到底思えません。文化面で言うと昭和八年は「東京音頭」がレコード発売されて大ヒットした年であり、年末には今上陛下がお生まれになった年でした。既にドイツではアドルフ・ヒトラー、アメリカではフランクリン・ルーズベルトが登場します。

藤岡　一九三三年ですね。

倉山　スターリンが共産党書記長になったのはもっと前、一九二二年ですね。第二次世界大戦の主役三人がそろい踏みです。

そういった世界情勢の中、持てる国か持たざる国かという視点で見た場合、日本はむしろ明らかに英米のような持てる国の側、文化的な国の立場にいます。

経済に関しては、ざっくり言うと昭和十一年（一九三六年）の二・二六事件で変わります。昭和八年以降、高橋是清主導の政策でずっと景気は回復軌道でしたが、馬場鍈一大蔵大臣が出てきて急に馬場財政なる準戦時体制をとります。昭和十二年の支那事変を機に日本経済は戦時財政になるわけですが、既に昭和十一年の時点で準戦時体制になっていました。このあたりの事情は、小著『検証　財務省の近現代史』（光文社　二〇一二年）に詳述しておきましたが、簡単に説明しておきましょう。

日露戦争に勝った後、陸軍はロシアを仮想敵とし、海軍はアメリカを仮想敵としました。支那が大変だということになり、陸軍は支那も仮想敵に加えます。そこで、バランスをとって海軍はイギリスも仮想敵にしようということになった。何がどうバランスなのかよくわかりませんが、要するに役所のメンツ争いです。相手だけ二カ国を想定敵とするなら予算が奪われる。じゃあ、ウチももう一国を想定敵に加えよう。そういうバカバカしい事情です。

結果的に軍部は、この四国を同時に敵に回すという前提で財政支出を求めるようになります。経済が破綻するような仕掛けは既に仕掛けられていました。

対外的には昭和八年、日本は国際連盟を脱退します。二・二六事件の後、陸軍はきわめて強いのですが、それに対する反発も強く、どこにも中心がないという状態です。日本は大日本帝国という大国であり、国民もいい暮らしをしているけれども、一体このままどうなっていくのだろうという空気が昭和十二年前史の状況です。大きな流れで言うと、昭和十二年直前の平和ボケの空気は、現代の今に近い。景気は多少よくなっているけれども、本当にこのままで大丈夫だろうかといったムードです。八年後には焼け野原になるなど、日本人の誰一人として想像していない時代が昭和十二年です。

世界史的な切り口としての「昭和十二年」

宮脇淳子（以下、宮脇） 昭和十二年という年は、世界的な視点から見る必要があります。日本国内だけの問題で考えているならば、本当のことはわかりません。日本の歴史は世界史の中に位置づけられなければいけない、というのは常々私が考えてきたことです。

なぜ昭和十二年に限って学会の名前を決めたかというと、私にとっては戦略的な意味合いもあります。何か目立ってその年、とした方が、学問の分野を超えて、つまり学際的な研究ができると思いました。いわゆる学会のこれまでの秩序、これまでの歴史学やら軍事学やらに限った学会というものは、あまりに縛りが強すぎて窮屈です。歴史は流れですから、一つの事件といったものに絞るよりも、背景や流れ、そこに至る過程といったことを重視すべきだと、もちろん私はそう考えています。しかし同時に、フランスのアナール学派ではありませんが、断面を切るというのはやはり非常にいいアイデアです。

それぞれの学者や研究者がそれぞれにやってきた学問の背後には、非常に大きな流れと体系があります。同時にそれは、各学問の間でなかなか対話というものができない理由ともなって

います。それぞれの学問は自分の背景や枠組みを持っていますから、全然かみ合わないのです。そこで一気に一年間と限り、それぞれ専門分野が異なる研究者が可能な限りその年に合わせて話をする。すると、これまでの大きな体系ではなく、そこから切り出したもので歩み寄ることができます。「断面図」というアナール学派の考え方とやり方を取り入れるのはきわめて面白い切り口です。

昭和十二年という年を切り口にすると、どんな日本人にも必ず何か思い出すことがあるようです。この学会の準備のために、いろいろな人たちと話をしていて感じました。どんな立場の人にも、どんなレベルの人にも、「昭和十二年」と言っただけで何か必ず思い出すことがあります。まだ生まれていない年であっても、親から聞いた話だとか、あるいは情報として知っている話、誰だれが生まれた年だね、とか、何なにがあった年だね、など引っかかることがあります。問題を喚起するために効果的であるという点、そして、これまでになかった種類の名前の学会であるという点から、「昭和十二年学会」はとてもいいアイデアでありネーミングです。

昭和十二年という年をどうやって学問研究のまな板に上げるか、同時に、どうやればみんなにわかりやすいかたちで示すことができるか、試行錯誤を重ねていくことになるでしょう。今回のこの座談会も、我々にとっては喚起されることの連続となるはずで、収斂することはおそらくないでしょうが、学会が今後さまざまな論議を重ねるスタートとなるような面白い材料になればいいいと思います。

藤岡　もちろんどの年においても、それなりに非常に重要なことが起こっているわけですから、昭和十二年がアプリオリに、特権的に重要な年であるとは、さすがに言うことはできません。けれども、昭和十二年を一つのエポックとして位置づけ、その前後を眺めてみると、重要なことがいろいろと見えてくるのです。

宮脇先生がおっしゃったように、要するに学者・研究者の個別の研究というものは、政治史でも経済史でも、やはり時間の流れや変化に沿って、つまり通時的に因果関係をたどっていき前後関係を明らかにするといった活動です。しかし、それをバサッと一つの年に限定し、その年における相互関係を見てみる。非常に学際的に、いろいろな人がいろいろな角度から昭和十二年について発言したり、研究したりしてくださる。これは非常にわかりやすい、一つの方法的な切り口になるだろうと思います。それぞれが通時的に行なってきた研究を、同一時点で互いにつき合わせる、つまり共時的に展開していく研究の場を設定する意味が「昭和十二年学会」にはあるだろうと期待しています。

第一章

世界史上の重要年「昭和十二年」とは

ソ連と世界

倉山　宮脇先生が持ってこられた『コンサイス世界年表』（三省堂　一九七六年）がここにあります。この年表はすぐれもので、西暦、イスラム歴、干支、中華民国歴、満洲帝国とベトナムの元号までつけてくれています。

藤岡　すごいですね。元号をこれだけ並べている年表は見たことがありません。

宮脇　いいでしょう、この年表。これを作成した私の主人の岡田英弘は表紙には名前が上がっておらず、表紙の裏の十九名の執筆協力者の一人になっているだけですが、実はアジア史関係の編集作業にはほとんど参加したそうで、だから私はこの年表をとても信頼しているのです。

倉山　この『コンサイス世界年表』の昭和十二年の年表を見て、私が注目する一つの視点は、本当の意味で世界を見ているのはこの時期、ソ連だけだったであろうということです。日本や中華民国は、アジア・太平洋しか見ていません。イギリスやドイツは、ヨーロッパしか見ていません。アメリカに至っては、その両方とも見ていません。

スターリンは常に怯えていました。日独とか日英、日英米、あるいは日英独というふうに、日本がどこかソ連の西側にいる国と組んだときこそ自分たちは滅びると思っていました。そこでスターリンは一所懸命、コミンテルンに工作させるのですが、なかなかうまくいかない。そういう時代です。コミンテルンの陰謀があった、これは史料に残る厳然たる事実ですが、しかしコミンテルンとて万能ではない。これがわからないと、スターリンが何を考えていたかが、わからなくなります。

ソ連を挟み撃ちにしようと策謀していた人は実際にいました。スペイン内戦が前年に起こっていて、八月二十七日に《〔教皇庁〕フランコ政権を承認》とあります。これは反共のための動きです。フランコはバチカンの動きに乗りました。バチカンは、「ソ連包囲網」を本気で考えていました。宗教を否定する共産主義をこの世から抹殺しなければいけないとバチカンは思っているので、英米とドイツを仲よくさせ、さらにそこに日本も巻き込もうとしたわけです。大戦終戦後にナチス党員が亡命先としてアルゼンチンをはじめカトリックの国へたくさん行くというのも、そういった流れの中にあります。しかし結果的には、ソ連が勝ちました。

藤岡 バチカンは反共産主義の観点から、中国大陸における日本の立場を理解し、支持していました。昭和十二年の盧溝橋事件のあとでも、ローマ教皇は日本をサポートするようカトリック教徒に指示しています。バチカンは、東アジアにおいて、日本が客観的には共産主義と戦っているのだ、ということがわかっていたのです。

西暦	1937	
回暦	1355　3.14	1356
年号干支	昭和12　丁丑	
天皇	今上	
首相	1.23広田弘毅　2.2林銑十郎　5.31　6.4近衛文麿	

日本

①1山本有三「路傍の石」朝日新聞に連載始まる　4名古屋城の金鯱のうろこ五八枚盗まれる　8大蔵省が輸入為替許可制を実施する旨を公布　21浜田国松が衆議院で軍部を攻撃し寺内陸相と腹切り問答を行なう　23広田内閣の総辞職　25宇垣一成が組閣を命じられる（29陸相を得られず辞退）②2林銑十郎内閣の成立　9日銀総裁に池田成彬が就任　11文化勲章の制定：第一回受章者長岡半太郎ら九人　17「死なう団」（日蓮会）が宮城・議事堂・警視庁前などで切腹未遂　21労農無産協議会で政党への転換を決定（③11日本無産党と改称）③25英米と永代借地権解消の公文を交換　30文部省「国体の本義」刊　31衆議院の解散　④5防空法を公布　6朝日新聞社神風号が訪欧飛行に出発（9ロンドン着）14横光利一「旅愁」東京日日新聞・大阪毎日新聞に連載始まる　15ヘレン゠ケラー女史の来日　30第二〇回総選挙：民政一七九　政友一七五　社大三七　⑤26文教審議会をおく（会長林首相）双葉山定次に横綱を免許　28政友・民政両党が林内閣の即時退陣を要求　31林内閣の総辞職　⑥4近衛文麿内閣の成立　財政経済三原則を発表　⑦7蘆溝橋で日中両軍が衝突（日中戦争始まる）　11華北派兵を声明　21文部省に教学局をおく　23第七一特別議会の召集（―⑧7）　28日本軍が華北で総攻撃を始める　29通州で冀東政府保安隊が反乱し、日本人一八〇人を殺害する（通州事件）⑧9上海で大山海軍中尉射殺される　13上海で日中両軍が交戦　14陸軍軍法会議で二・二六事件民間関係者に判決：北・西田ら死刑（19執行）　27トヨタ自動車工業の設立

年号	
中華民国	中華民国　26
満州国	康　徳　4
阮朝	保大帝　保大12

外国

アジア

①汪兆銘が帰国　②10共産党が国民党に国共合作を改めて提案　15南京で国民党三中全会開く：第二次国共合作始まる　⑦7蘆溝橋で日中両軍が衝突（日中戦争始まる）　8共産党が対日全面交戦を呼びかける　12国民政府が軍事徴用法を公布　17蔣介石が周恩来と会談し陝甘寧辺区政府を承認（政治犯三〇〇〇余名を釈放）28日本軍が華北で総攻撃を始める　29通州事件おこる　⑧13上海で日中両軍が交戦　15蔣介石が対日抗戦の総動員令を下す　日本の海軍機が南京を爆撃　21ソ連と不可侵条約に調印　22西北の紅軍が国民革命軍第八路軍となる（蔣介石が朱徳を軍長、彭徳懐を副軍長に任命）　25共産党が抗日救国十大綱領を発表　⑨5日本海軍が中国沿岸の封鎖を宣言　13国民政府が日本の侵略を国際連盟に提訴（28国際連盟総会で中国都市空爆非難の決議を満場一致で可決）22共産党中央執行委員会が国共合作を宣言（蔣介石「共産党も同志として抗日救国に合作することを望む」談話を発表　第二次国共合作）⑩6国際連盟総会で中国に対する日本の行動は九か国条約・不戦条約違反と決議　12華中の紅軍が新四軍に改編される（軍長葉挺）　27蒙古連盟自治政府の樹立（主席雲王　副主席徳

ヨーロッパ

①2（英伊）紳士協定に調印：地中海の現状維持　23（ソ）ピアタコフ・ラデックらの公判始まる（―30）　24（ユーゴ・ブルガリア）永世友好条約に調印　①（米）不況が深刻化、CIO指導下に自動車・鉄鋼産業労働者の争議が頻発（―⑥）②13（仏）ブルム首相が大資本に譲歩し人民戦線綱領の休止を声明　③2（ポーランド）コッシュ大佐が反共右翼団体「国家統一陣営」を結成（これに対抗して「労働者・農民・知識人グループ」の結成）　25（伊・ユーゴ）中立不可侵条約に調印　④1（ソ）第二次五か年計画を完遂　26（スペイン）ゲルニカがドイツ空軍によって爆撃される　⑤1（米）中立法を拡大：軍需品輸出の現金支払・自国船主義を採用　28（英）チェンバレン内閣の成立　⑥12（ソ）参謀総長トハチェフスキー元帥ら八名の赤軍首脳が秘密軍法会議で有罪の判決を受ける（のち銃殺）　14（アイルランド）新憲法を制定：主権国家とし国名をエールと改称　18（スペイン）フランコ派がビルバオを占領　19（仏）ブルムの財政全権委任法案が否決される（21ブルム内閣総辞職）　23（独伊）スペイン内乱不干渉委員会から脱退、スペイン沿岸の中立監視を中止　⑦8（英）パレスチナの分割に関するピール勧告を公表　⑧27（教皇庁）フランコ政権を承認　⑨10英仏など九か国がスペイン内乱不干

西暦	1937
回暦	1356
年号 干支	12　丁丑
天皇	
首相	
日本	⑨3第七二臨時議会の召集(―8)　6文学座の結成(一九三八③第一回公演)　10輸出入品等臨時措置法・臨時資金調整法を公布　11後楽園球場の開場　25内閣情報部が国民歌「愛国行進曲」歌詞を募集(⑫26演奏発表会)　28兵役の服役・在営期限を延長　⑩1日本通運の設立　6国際連盟総会で日本の行動非難を決議　12国民精神総動員中央連盟の設立　15臨時内閣参議官制を公布　16第一回文展の開催　18全日本労働総同盟大会で事変中の罷業中止と戦争支持を決議　25企画院をおく　⑩朝鮮人に「皇国臣民の誓詞」を配布　内閣情報部「週報」刊　⑪5日本軍が杭州湾に上陸　トラウトマン駐華独大使が日本の和平条件について中国側と会談(トラウトマン和平工作)　6イタリアの日独防共協定参加についての議定書に調印　12上海を占領　15信時潔作曲「海ゆかば」刊　17大本営令を制定(20設置)　⑫1大倉精神文化研究所の設立　5日本共産主義者団の結成　12南京攻撃戦で米艦パネー号を撃沈し、レディバード号を砲撃　13南京を占領　15山川均ら労農派検挙される(第一次人民戦線事件)　22日本無産党・日本労働組合全国評議会に結社を禁止　24第七三議会の召集(―一九三八③26)　27日本産業が満州重工業開発に改組(総裁鮎川義介)　綿製品等スフ混用規則を公布　○争議参加人員一二万三七三〇人で戦前最高　○牧口常三郎ら東京で創価教育学会正式発会式を行なう　○大阪市立電気科学館にプラネタリウムを設置
中華民国	26
満州帝国	4
年号 阮朝	12
外国 アジア	王)　⑪5日本軍が杭州湾に上陸　12日本軍が上海を占領　20国民政府が重慶などの奥地に政府機関を移転　⑫13日本軍が南京を占領、いわゆる南京虐殺事件　14日本軍の指導で北京に中華民国臨時政府が樹立(最高主席は欠員、行政委員長王克敏)　27日本軍が済南を占領 ↔ ④〔東南ア〕ビルマがインドから分離　②〔印〕第一回州議会選挙が行なわれる:国民会議派が大勝　④〔印〕州自治制の施行　○〔印〕劇作家ジャイシャンカル＝プラサードの死(一八八一―)　⑦9〔西ア〕トルコ・イラク・イラン・アフガニスタンが相互不可侵・友好協力のサーダーバード条約に調印　⑦〔西ア〕イギリスがピール勧告を公表:パレスチナ地区をユダヤ教徒とアラブに分割することを勧告(⑧世界シオニスト会議が勧告受諾　⑨汎アラブ会議が勧告拒否とユダヤ人移民の即時中止を決議)　④〔エジプト〕モントルー会議で各国のエジプトでのキャピチュレーションの廃止を決議　○〔トルコ〕文学者アブデュル＝ハック＝ハミトの死(一八五一―)　③〔北アフリカ〕イタリアのムッソリーニがリビアを訪れ、イスラム教徒の保護を約束
外国 ヨーロッパ	渉について会議を開く(―14):地中海の安全航行・監視地区設定の「ニヨン協定」に調印　25〔伊〕ムッソリーニがベルリンを訪問(―28)　⑩5〔米〕ルーズベルト大統領がシカゴで日独侵略国家「隔離」の演説を行なう　16〔チェコ〕ズデーテン－ドイツ人党の集会を禁止　28〔スペイン〕政府がバレンシアからバルセロナへ移る　⑪1〔メキシコ〕スタンダード石油会社の採油権の国有化を宣言　5〔独〕ヒトラーが外相・国防相・陸海空軍の各長官と秘密会談:広域生活圏獲得のための戦争計画を提示　6〔伊〕日独防共協定に参加　10〔ブラジル〕バルガス大統領が新憲法を公布、独裁制を確立　18〔仏〕王党派による共和制転覆の右翼暴動計画(カグラール暴動計画)が発覚　19〔英〕ハリファックス卿がヒトラーを訪問:英独協調を検討　24〔独〕経済相シャハトの辞任　⑫11〔伊〕国際連盟を脱退　12〔ソ〕ソ連邦最高会議の第一回総選挙　○〔英〕物理学者ラザフォードの死(一八七一―)　○〔伊〕無線電信発明者マルコーニの死(一八七四―)

『コンサイス世界年表』(三省堂)より

倉山　私は、イギリスという国をとりわけ、非常に重視します。この年の五月二十八日、イギリスでネヴィル・チェンバレンが総理大臣になっています。チェンバレンは、バチカンが抱えていた問題意識、つまりソ連を挟み撃ちにしなければいけないということをわかっていた、最後のイギリスの首相です。最後も何も、次の首相はウィンストン・チャーチルです。ソ連と同盟を結んだ政治家です。

イギリスの歴史観においては、チャーチルは確かにナチス・ドイツを潰してブリテン島を守った英雄ということになっています。しかし、逆を言えば、チャーチルは大英帝国を潰して地球の半分をソ連にくれてやった男です。このことは、イギリスのエリートにとってはとてつもないタブーです。つまり大英帝国は第二次大戦の敗戦国であるということなのですが、それを言ってしまえばイギリスは自信をなくして大国ではいられません。チャーチルを無理やりにでも英雄に仕立てなければならないという歴史欺瞞を、イギリスはせざるをえないわけです。

宮脇　アメリカにとってのフランクリン・ルーズベルトと同じですね。

倉山　全く同じ。むしろ、それ以上です。

宮脇　日本人もまた、アメリカを初めとする戦勝国に押しつけられた東京裁判史観から全く脱却できないままの歴史欺瞞の中にいますものね。

倉山　そうです。しかし、イギリスの方がむしろ深刻です。チェンバレンを悪人にしてしまったからです。チェンバレンは確かにアドルフ・ヒトラーに融和しました。しかしそれは、ソ連に対する警戒が同時にあったがゆえに、ヒトラーとスターリンの両方を見ていたからです。実際、チェンバレンは日英同盟の復活を画策して、総理大臣になる前から動いています。ところが日本は、全部それをはねつけました。これが当時の世界の流れです。

藤岡 なぜはねつけたのか、これは大問題ですね。

倉山 昭和十二年（一九三七年）、アジアで支那事変が起きます。二年後の一九三九年に欧州大戦が起こります。さらにそのまた二年後の一九四一年に、その二つがつながって世界大戦になっていくわけです。人類が不幸になっていく起点は一九三七年あるいは我々の言う昭和十二年である、と考える意義は非常にあります。一九三九年から始めればヨーロッパ史観にしかなりません。一九四一年からではまったく何もわからないということになります。

宮脇 スターリンは結構早い時期にコミンテルンを潰してしまっていませんか。

倉山 一九四三年まで残っています。

藤岡 一九四三年に、西側と同盟関係を結ぶことの引きかえ条件としてコミンテルンを解散したんですね。コミンテルンは、要するに破壊活動が本職ですから。

宮脇 一九二二年に日本共産党が承認されたときの最初のテーゼに入っている通り、コミンテルンはとにかく日本の天皇を敵視していました。「天皇制」という言葉自体がコミンテルンの造語です。
藤岡　どこの国に対してもそういう方針は変わらず、世界中で破壊活動をやるわけですね。ところが、一九四三年にコミンテルンを解散するということで西側と協調した。ただ、すぐに想像できることですが、これは表向きの欺瞞であるに決まっています。
宮脇　一九三七年、つまり、昭和十二年は、スターリンの粛清の真っ最中です。
藤岡　その通りです。
倉山　この年にミハイル・トハチェフスキーが殺されていますね。
藤岡　粛清されていますね。ナチスのスパイと認定された。
宮脇　スターリンの大粛清は一九三六年からです。公開裁判のモスクワ裁判は一九三六年から始まっています。
倉山　トハチェフスキーはソ連建国の英雄でした。年表は六月十二日に《〔ソ〕参謀総長トハチェフスキー元帥ら八名の赤軍首脳が秘密軍法会議で有罪の判決を受ける（のち銃殺）》と書いています。
藤岡　年表は面白いですね。いろいろなことが関係してくる。
宮脇　ソ連がすごいのは、最初から、レーニンのときから世界戦略で動いているということでしょう。国内の粛清もその一環ですけれども、着実に、思想通りに、慈悲のかけらもなく手を打っていく。こうした場合には、明らかに、民主主義ではない国の方が強いんですね。

レーニンの「アジア迂回」政策

藤岡 『新しい歴史教科書』の現行版(自由社 二〇一五年)にも実は書いているのですが、レーニンの「アジア迂回」政策というものがあります。これについて、少しお時間をいただき話をさせていただきたいと思います。

現行版の二三二ページ、「日中戦争(支那事変)」という単元の本文から引用させていただきます。

「**コミンテルンの世界革命戦略** コミンテルン(国際共産党)は、ヨーロッパの資本主義諸国で一挙に体制を変革する世界革命の実現を目指していた。しかし、第一次世界大戦後にドイツを中心に闘われたヨーロッパの革命闘争に敗北し、別の道をさぐることになった。

コミンテルンは、社会主義のソ連を守りつつ、欧米や日本の、植民地や従属国で活動する世界革命戦略を立てた。活動拠点の中国では、日本が次第に標的となっていった。」

そして、この続きが「西安事件」の小見出しから始まる記述に続くように書かれています。断っておきますが、これは文部科学省の教科書検定をパスした、れっきとした「文科省検定済み」中学校歴史教科書ですから、お間違いのないようにお願いします。教科書の分量ではこの程度しか書けませんでした。すこし解説的に補足をさせていただきます。

マルクスもレーニンも「世界革命」を目指していたのですが、その場合の世界とは、地球儀を回して見られるような、グローバルという意味の世界ではなく、ヨーロッパ世界に限られていました。アジアや中東、アフリカなどは「世界革命」という時の「世界」には入っていなかった。視野の外にあったのです。ヨーロッパの範囲で、全ての国で、資本家を打倒する（つまりは殺す）革命を考えていました。ところで、資本家の力はなかなか強い。国ごとにプロレタリアートに先導された人民が立ち上がったとしても、勝つことは難しい。そこで、革命派は国を越えて連帯しなければならない。これが、インターナショナルということの意味です。そうすると、世界革命とは世界同時革命にならざるを得ません。

資本家を倒す革命のチャンスはどういう時に生まれるでしょうか。それは、戦争によって国家体制にヒビが入り、支配階級の力が弱まった時です。ここで「敗戦革命」を決行します。これを「帝国主義戦争を内乱へ」とレーニンは定式化しました。

第一次世界大戦時に実際にチャンスがめぐってきました。それでロシア革命は成功したのですが、ロシア革命は引き続きヨーロッパの革命によって補足されなければ、存続できるはずはありません。幸い、ドイツで世界大戦後の一九一九年、共産主義者たちの蜂起がありました。その成功にロシアの命運もかかっている、ということで、レーニン達はドイツにおける革命の成功に大いなる期待をかけていました。

しかし、結果は、無残な敗北でした。他方、ソ連国内では、ロシア革命で大量の資本家を殺したツケが回って来ました。資本家というくくりの中には、工場生産を管理する多数の技術者が含まれていました。彼らが工場からいなくなると、残されたのはボルシェヴィキの活動家だけです。しかし、彼らは共産主義の演説はうまくても、機械を動かすことも、生産を管理することもできません。これでは社会主義を目指すソ連は崩壊します。そこで、レーニンは大胆な政策転換を行ないました。社会主義が生きのびるために経済を立て直す。そのためにヨーロッパの資本を導入し、資本主義を一部復活させる政策です。これを新経済政策（ネップ）と言います。ネップの時期に、レーニンが迫り来る破局にどう立ち向かうか演説した有名な文献があります。「青年同盟の任務」というタイトルです。ここで、レーニンはなんと言っているかというと、「駄法螺《だぼら》こきの共産主義者を百人くれてやるから、一人の技術者がほしい」と言ったのです。

ここで私は、革命幻想というものを原理的に批判したカール・ポッパーの言葉を思い出します。社会を根本的に変える革命、そのために支配者を殺害する革命は、最初から成り立たない幻想にすぎない。革命は、その分だけ社会が劣化することを意味するに過ぎない、とポッパーは喝破したのです。フランス革命も、ロシア革命も社会を劣化させただけです。カンボジアのポルポトが、メガネをかけているのは知識人だから階級敵だといって次々と殺していった革命はもっとわかりやすい。社会の劣化は原始時代にまで後退してしまいます。

さて、ソ連社会の崩壊の危機に直面して、ヨーロッパの資本家とちょっとだけ妥協したレーニンは、しかし、資本家を倒す革命を決して諦めませんでした。そこで、作戦を変え、直接ヨーロッパの資本家に闘いを仕掛けるのではなく、彼らの富の源泉となっている虐げられた植民地の住民をたき付け、反乱を起こさせてヨーロッパの資本家の力を弱めよう、と考えました。そこで目を付けたのがアジアです。アジアの植民地や従属国に出かけ、そこの人民を宣伝と教育によって共産主義の活動家に仕立て上げ、宗主国への反乱を起こさせる。こういう回り道をして資本家を倒す。これをレーニンの「アジア迂回」政策というのです。

初め、レーニンは、インドをターゲットにしようと考えました。カール・カワカミという日系アメリカのジャーナリストが、邦訳名『シナ大陸の真相　一九三一―一九三八』（福井雄三訳　展転社　平成十三年）の中で、実に生き生きと描写しています。

「最初レーニンはインドに手を伸ばす意図をもって、アフガニスタンに注目した。アフガニスタンとの国境沿いにラジオ放送局が設置された。共産主義宣伝の伝道者たちが、チンギス・ハーンやチムールがかつて通った古の道を歩いて回った。共産主義宣伝のパンフレットや映画フィルムを積み込んだ飛行機が峠を飛びかった。モスクワの東洋共産主義者学校で学んだヒンズー系やアフガン系の学生たちが、この新しい領域に投入された。」

結局のところ、このアフガニスタン経由でインドをターゲットとした作戦は失敗します。話がだいぶ「迂回」しましたが（笑）、ここでいよいよ中国大陸の話になります。中国大陸は荒涼たる大地に、不平不満を持った数億の人々が闘争に明け暮れ、大規模な民衆反乱が繰り返されてきたところです。掠奪や暴力は日常茶飯で、食人の習慣があります。この中国大陸こそは、コミンテルンの作戦対象としてまことにふさわしいものでした。方針に基づき派遣された工作員は、のべ一万人にのぼります。

ソ連の外務大臣カラハンは、すでに一九一九年と二〇年に「カラハン宣言」を出して、帝政ロシアが中国から奪った利権を無償で返還すると約束しました。むろん、これはカラ約束でした。孫文は、このカラハン宣言によってソ連の援助を受け入れることを決心しました。日本への裏切りであるとともに、国共合作の起点となって、東アジアの歴史を運命づけました。その後の経過を見ると、レーニンの「アジア迂回」政策は、見事に成功したのです。

レーニンは戦略の天才です。このような天才が共産主義陣営に出現したことは、人類にとって大いなる不幸でした。

長くなりましたが、以上のような脈絡が分からないと、昭和十二年の盧溝橋事件の背景、それに続く事件の意味もわからないでしょう。

世界的な大変動が始まった年

宮脇　コミンテルンができた一九一九年に中国は明らかに親日から反日になり、ソ連に融和的になります。中国が初めてナショナリズムというものを見せるのが五・四運動で、それが一九一九年です。昭和十二年は、それからしばらくたってからの話になりますね。一九一九年は昭和ではない。

倉山　大正八年です。

宮脇　そして、満洲国ができたときにスターリンが非常に慌てる、という順番になります。話をそんなに飛ばすのは問題があるかもしれませんけれども。

藤岡　三二年テーゼがその表れですね。一九三二年ですから、満洲国建国の年です。

宮脇　一九三一年に日本が満洲事変を起こして成功したときには、ソ連は非常に弱体化していました。国内が貧乏なので口が出せなかったし、日本が恐ろしくて何もできなかった。それから対応を始めるわけです。ソ連は中国の共産化こそが目的だったので、モンゴル人民共和国など中国へ返してやってもいいとさえ考えていたのですが、満洲国ができた直後の一九三二年に、モンゴル人民共和国で反ソの大暴動が起こりました。モンゴル人たちが満洲国の東部内蒙古を見て、仏教を弾圧するソ連よりもいいと考えたからです。あわてたスターリンは対モンゴル政策を百八十度転換して、経済援助を始めます。ソ連とモンゴル人民共和国の間に相互援助条約が結ばれたのは一九三六年です。

昭和十二年（一九三七年）というのは、とにかく結局それまでのものが表に噴出した年だったということとは言えると思います。全部表に出てしまった。

倉山　一九三七、三九年と二つの戦争がアジアとヨーロッパで起きて、一九四一年に合流する。ヨーロッパやアメリカの人たちにとっても昭和十二年、一九三七年がいかに重要な年であるかというコントリビューション、意義を訴える必要があります。

宮脇　実は世界的な大変動はここから始まったのだ、ということですね。

倉山　一九三九年の時点では世界大戦ではなく、あれは欧州大戦なんです。第一次世界大戦も、当時の日本人は「欧州大戦」と呼んでいました。決して世界大戦ではありません。日本が圏外でしたから。

藤岡　上海事変のとき、アメリカの新聞記者が「第二次世界大戦はここから始まる」と書いています。だからその意味をわかっていた人というのはいる。

倉山　もちろん、そういう人も当時にはいたと思います。フランクリン・ルーズベルトは、もう世界大戦をしたくてしょうがないわけですからね。年末に「隔離演説」をやっています。日独伊三国を「病原体」呼ばわりしました。

――第一次も、第二次も、世界大戦と呼ばれるものは欧州戦争なのですね。

倉山　そうです。一九三九年時点での阿部信行内閣唯一の功績が「欧州大戦」不介入です。一九三七年から始めるのはいいけれども、欧米の人は一九三七年から始める意義がわからないでしょう。第二次欧州大戦と支那事変は本当に別のものでした。真珠湾でなんとかつながっていると思っているぐらいではないでしょうか。

それから、なぜヒトラーが対米参戦したのか。歴史の謎です。ただ、いわゆる「裏道参戦論」（バックドア・セオリー）は成立しません。ヒトラーをいくら挑発しても乗らないので、フランクリン・ルーズベルトは日本を挑発し、同盟国の日本と戦争をすることによってドイツと戦争をすることにしたという説ですが、論理に飛躍がありすぎます。なぜなら、ヒトラーが条約を守る、という前提に立っているからです。しかも、三国同盟にそんな参戦義務なんてありません。現に三国同盟があったって、独ソ戦で日本は対ソ連戦に参戦していません。

宮脇　ルーズベルトのことも、ちゃんと語られるようになったのは二〇一一年に藤原書店が『ルーズベルトの責任――日米戦争はなぜ始まったか』（チャールズ・A・ビーアド著　開米潤監訳）を出版してからの、最近のことですものね。歴史修正主義と言うけれども、あんなに立派な学者で真摯な態度で史実を世に示したアメリカ人のビーアドさんもひどい目に遭った。

――アメリカで原書が出た一九四八年、すぐに不買運動が起きました。ビーアドはこの年の秋に亡くなるわけですから、なぶり殺しです。しかしビーアドはアメリカ第一級の現代史家です。

宮脇　それでもそういう目に遭っている。日本の方では弟子たちが知らん顔をしました。誰も翻訳を出さなかった。何十年もの間、封殺していましたね。

――鶴見祐輔、高木八尺、松本重治、前田多門、といったビーアド氏と師弟ないしは昵懇の関係にあった俊秀は、みんなこの本の存在を知っています。

宮脇　自分にとって大事な、大恩ある先生の本を読んでいないとは言わせない。みんな英語もできるわけですから。

――亡くなって十年後の一九五八年にビーアドの思い出という座談会が催されるのですが、そこで出てくる話はほとんどこの本についてです。にもかかわらず、わが国で邦訳されなかった。

宮脇　日本語に翻訳しないんですね。日本の歴史学界の流れそのままです。日本の歴史学界の閉鎖性、硬直性はますますひどくなるばかりです。

「侵略戦争」「侵略国家」と言い出した学者たち

倉山　私から見れば、高木八尺はまだ良いかと。憲法学の宮澤俊義の盟友ですね。この二人にまつわる、実に馬鹿馬鹿しい話を思い出しました。現行憲法六六条に文民条項といって、大臣は自衛官ではいけないという条文がありますね。マッカーサー草案にもなかったのを、いきなり極東委員会から押しつけられた条文です。既に衆議院を通過している段階でした。どうしよう、いきなり今になってそう言われても、ということになった。高木八尺も宮澤俊義も貴族院議員で、秘密会の審議に参加していました。高木が「急に言われてあの条文を入れたら、何か押しつけられているみたいだ。みっともないからやめよう」と言ったところ、宮沢が「憲法全体が押しつけられたものなのに、そんな細かいことにこだわったってしょうがない」と答えた。憲法学者の西修先生が貴族院の議事録を引いて紹介していました。宮澤は、わかっている。やはり頭がいいんです。ワルはワルなりに。

宮脇　わかっていてやっている、ということね。

倉山　そうです。完全なワルですよね。横田喜三郎という国際法学者がいて、この人は本当にナントカ正直で、昭和六年の時点で日本は侵略国家だと言ってしまいます。一方の、宮澤俊義などは、ずっと隠している。戦前の著作を読むと、衣の下から鎧が見えてはいるんですけれども。

藤岡　横田喜三郎が、昭和六年（一九三一年）という、そんな早い時期に、しかも東大法学部の国際法講座の教授という地位にありながら、日本は「侵略国家」だ、などと言っていたとは驚きです。横田喜三郎で思い出したのですが、西尾幹二先生の『GHQ焚書図書開封3』（徳間書店　二〇〇九年）に、戦後の雑誌で「侵略戦争」の用例がいつから出てくるかを調べた溝口郁夫氏（南京事件研究家）の文章が掲載されています。それによれば、横田喜三郎は日本の戦争責任を最も早く書き始めているそうです。戦後の雑誌は昭和二十一年の一月に、『中央公論』、『世界』などが創刊されるのですが、その中の『中央公論』に横田は「侵略的戦争」「侵略的な戦争」という言葉を使っています。ところで、戦前でも、非合法時代の日本共産党が、地下で発行した新聞「赤旗」には、普通に「侵略戦争」の語が使われていました。

——もう一人、蠟山という人がいましたね。

倉山　政治学の蠟山政道ですね。彼なんて、昭和研究会ですよね。ゾルゲ事件に関与した言論人や実務家のたまり場でした。昭和研究会と近衛文麿はややこしくなり過ぎるので、「昭和十二年学会」としては二〇一九年以降の研究課題としてとっておくという話にしてあります。

藤岡　そうですね。そちらの方は、また一つ別の形になりますね。

倉山　一つで済むのかということもありますけれども。

藤岡　蓋を開けると、これはまた別の世界ですからね。

倉山　ただ、この点に関して一つ申し上げておきます。古川隆久『近衛文麿』（吉川弘文館二〇一五年）という本があります。この本では「コミンテルン」という単語が一回も出てきません。今の日本の学界では「コミンテルン」という単語がタブーだからです。しかし、世界各国で一次史料が公開され、「情報史学」という分野が開拓されています。もちろん、「コミンテルンは万能であり、世界を動かしていた」というような荒唐無稽な陰謀論は学問的対象ではありませんが、一方で「コミンテルンという単語は絶対に使わせない」というのも学者の態度として如何なものか。

平間洋一防衛大学元教授や三宅正樹明治大学名誉教授のような極めて少数の例外を除き、コミンテルンあるいはソ連の工作をタブー視しています。

近衛文麿や昭和研究会を取り巻く問題は、次年度以降に取り組みたいと理事会では考えています。

第二章　「昭和十二年」と「西暦一九三七年」

西暦を併記するか

——三先生の話をお聞きしながら感じたことですが、世界史の中に昭和十二年というものを位置づける、そういう広がりにやはり大きな意義があろうと思います。外国に対して発信するときの姿勢としてだけではなく、日本国内での発信においても、世界史の中で昭和十二年というものを考える思考方法をとっていくことが、これからはますます重要になるでしょう。そこで、これは私の提案なのですけれども、昭和十二年という年に、常に括弧して一九三七年ということぐらいは入れておいた方がよいのではないかという考えについては、どう思われるでしょうか。

藤岡　それは一つの考え方ですね。

宮脇　学会名称も変えようということでしょうか。

——登記であるとか事務上の局面は別にして、これから学会として活動されていくときには、一九三七年という西暦を常に入れておく方が、世界史の中で考えるという意味が明らかになるのではないかということです。

倉山　とはいうものの、昭和十二年というと日本史だけ、というのはもはやステレオタイプです。いや固定観念としてはやはりある、とおっしゃりたいのはよくわかるのですが。

――やはり今の教科書はそうなっています。高校の世界史の中では、昭和十二年というふうには出てこない。日本のことは日本史の中でしかやらないのが実際です。

倉山　「昭和十二年学会」という名称は、下手をすれば、政治活動団体だと勘違いされがちなところのある名前です。

藤岡　そこははっきりと、そうではないということは言わなければいけません。

倉山　とはいうものの、あえてこの名前、ということがあります。学会の設立趣意書には、政治学や歴史学、そもそも日本史や世界史、もはや心理学や哲学、そこまで含めて学際的にやりたいと明記しました。

宮脇　文学を入れてもよかった。

倉山　入れてもいいと思うのですが、あくまでも例示なので、それはそれでいいでしょう。昭和十二年という括りを掲げ、昭和十二年という一つの対象をいろいろな角度から切り、それぞれお互いの方法論で見合って議論して発見していくということを学問とし、それこそが学際的であるとする。「昭和十二年学会」は、そういう趣旨の学会です。

宮脇　その通りです。だからわざと一九三七という西暦の数字は入れない、というのが我々の気持ちだった。もちろん本当は、世界史の中の昭和十二年なのです。

――しかし例えば作家が昭和十二年を切り口とした作品を書いたとします。ではその作家は世界というものを意識しなかったかというと、それは絶対に嘘です。やはり西暦というものが入っていて、世界の中でものごとを見ている。倉山さんは、昭和十二年は日本史だけの年ではないと考えるのがもはや常識だと言われるけれども、私はやはり未だ常識ではないだろうと思うわけです。

倉山 いや、おっしゃる通り、全然常識ではないですよ。我々がそれをやりたいというだけの話です。常識ではないから、それを我々はやりたい。ただし、それはやはり一九三七年学会ではない。

宮脇 括弧で入れるという考え方をどう捉えるかですね。

——もちろん「昭和十二年学会」でいいのです。学会名称はそれでいいのですが、昭和十二年は西暦で言えば一九三七年であり、学会は常に世界史の中でそれを見るのだということを言明するということが非常に大事なところではないかと思います。

倉山 もちろんその通りですね。平成三十年十一月十一日に第一回の研究発表大会を開催する予定ですが、その際の会長講演で、ぜひ大いに言っていただくべき話ですね。

宮脇 もちろん、そのときにはしっかり表明します。なんといっても、会長の私自身が日本史研究者ではなくて、ずっとモンゴルや満洲や中国や朝鮮などの歴史研究をしてきて、日本を外から見ていたのですから。

倉山 むしろ第一声をそこから始めるぐらいの話です。学会の名前の意義と合わせて。

藤岡　「日本史と世界史の枠を取り外すのはもちろんのこと」という一文が設立趣意書にありますから、それは最初から意識されていることです。学会は、内容的にはそれで進んでいくわけですね。

宮脇　「昭和十二年学会」は、そもそも、日本史を全然知らない人である私を会長にしたんですから（笑）。

藤岡　私自身は、括弧して一九三七年をつけるまたはつけないということにあまりこだわりはありません。ただ、言葉というものは単純にパッと言い切ることが大事だと思います。括弧付きですと注記になってしまうところは気になりますね。

当時、だれが世界を見ていたか？

――二〇一八年から数えて、一九三七年、昭和十二年という年は、八一年前ということになります。昭和十二年当時というのはどうでしょうか、世界というか宇宙というか、そういった大局的な認識は国際的にあったのでしょうか。

倉山　それを考えていたのは、まずはスターリンでしょう。

宮脇　残念ながら日本人にはいなさそうです。

倉山　毛沢東も考えていませんね、この年には。

宮脇　毛沢東は一度も外国留学をしておらず、マルクスも日本語訳の漢字だけを読んでいたわけですから、全然だめです。

倉山　とてもとても、といったところでしょう。世界を意識し、地球儀を見てものを考えていた、そして本当に世界を動かせる立場にいた人は、おそらくスターリンとチェンバレンだけだと思います。当時の世界の指導者を見る限り、そうです。

ちなみに日本の首相は昭和七年の五・一五事件からの十三年で、十三代の内閣が替わっているのですが、昭和十二年は廣田弘毅～林銑十郎～近衛文麿と三人代わっています。さらに言うと、廣田の後に宇垣一成に大命降下しながら陸軍の反対で総理大臣を拝辞していますから、三回の政変が起きています。六月に近衛内閣成立。七月七日に盧溝橋事件を迎えます。とても世界を考える余裕はありません。

ちなみに当時のフランスは、「半年に一回政変が起きて、二年続けば長期政権」という不安定極まりない第三共和制ですが、一九三七年はレオン・ブルムとカミーユ・ショータンの二人だけです。いかに一九三七年の日本が不安定か、わかります。

対象を絞ることで、見えてくるもの

――一九三七年の段階で、核兵器の開発はすでに始まっているのではないでしょうか。

藤岡 始まっています。研究段階ですね。

――アインシュタインの相対性理論、特に特殊相対性理論は一九〇五年の発見です。

倉山 マンハッタン計画は、かなり後ですね。

藤岡 フランクリン・ルーズベルトが一九四二年に承認したプロジェクトです。

――もちろん、それ以前から水面下で進んでいたことは間違いありませんね。

倉山 歴史を見るにおいては、マクロの視点も大事ですが、実はそうしたミクロの視点もとても大事です。ですから、年表をつくることにはきわめて重要な意味があります。

二〇一四年に『帝国憲法の真実』（扶桑社）という本を出したことがあり、ある会合でこの年の状況はどのようなものだったか、話題にしたことがあります。ＳＥＡＬＤｓという学生の政治団体が暴れまわっていたという指摘があった。しかし、それは実は二〇一五年の状況だったりするのです。意外に我々は、自分が生きている時代でさえ、細かく見ておかないと正確に覚えていないものです。歴史というものに対しては、マクロな望遠鏡も必要です。しかし時にはミクロな顕微鏡で見ることによって、正確な、かつ新たな発見がある場合が多いのです。とにかく昭和十二年に絞る。例えば昭和戦前史学会などとしてしまうと、収拾がつかなくなります。

藤岡　全く同感です。対象を絞ることが大切です。絞ると逆に広がるのです。逆説的ですが。——昭和十二年という時代は、西暦で言えば一九〇〇年代ですね。元号で言えば明治の終わりくらいのところから大正にかけて、空を飛ぶ交通機関も出来てきます。つまりサイエンスの時代からテクノロジーの時代へと、急激に二十世紀という世紀へ入っていく状況です。サイエンスということ、テクノロジーということ、そして政治、社会ということがこの二十世紀、明治の終わりから大正、昭和にかけて非常に密接に関わるようになってくる。ものすごい時代ですよね。

宮脇　どの時代、どの年をとっても画期的な、本当にエポックメイキングなことが起こっています。ちなみに、ヒンデンブルグ号爆発事故が起こったのは昭和十二年です。我々が今作成中の年表の五月六日にあります。

倉山　そんな重要なことが、『コンサイス世界年表』には抜けていますね。

宮脇　何でも年表に載せられるわけではないから、選び方によってやはり違いますしね。我々のつくっている詳しい年表は面白いですよ。六月五日に英ウィンザー公がシンプソン夫人と結婚していますが、これも『コンサイス』にはありませんね。

倉山　かなり有名な話です。ナチスドイツと関係する重要な事件です。

宮脇　七月十三日のボリビアで軍事クーデター、というのも同様ですね。

倉山　世界のことを最初から広げようとすると、なかなか大変です。第一回の研究発表大会で登壇予定者の中に、二人、いきなりバルト三国をやりたいという人とベネズエラをやりたいという人がいらっしゃった（笑）。すみません、最初は日本で勘弁してくださいと、なだめるのに苦労しました（苦笑）。

宮脇　そしてまた、昭和十二年という時間を考えたときには、その前の年をやりたい、後の年をやりたいということになるのもわかります。しかし、とりあえず七月七日からの支那事変、十二月十三日からの南京事件という昭和十二年という年を、どうしてそういうことになったのかということを含め、一度本格的に研究してみて、どんなことになっているのか、その実際を知りたい。二十一世紀に生きる我々は昭和十二年からあまりにも離れてしまっており、何も知らなくて、事件の前後関係もわからない、と言った方が正しいのです。

歴史は因果関係の学問です。前に何があったからこれが起こり、それがあったからこっちが起こって、というミクロな因果関係を押さえないと史実はわかりません。今は本当に大きな話も大事で、大きな流れが大事であると私もしょっちゅう言っております。けれども、こと近現代史は、何も知らされずに政治的判断で勝手に決めてしまった話ばかりです。

やはり一度、根本に立ち返って史実をきちんとおさえて、前後のつながりをよく摑む必要があります。何も知らない違う国の人、今はまだ若い将来の日本人が、前後関係を含め、因果関係を明らかにして、なるほどそういうことだったんだ、とちゃんとわかるような史実を残していかないと、必ず後悔することになります。せっかく材料は残っており、追跡できることがまだいっぱいあるのに、それをしないでは怠慢だということで、まずは一年間に絞るというふうに「昭和十二年学会」は一応の結論をつけたわけです。ただし、昭和十二年（一九三七年）の出来事を主として論じますが、それを説明するためにはその前もその後も必要であることはもちろん言うまでもありません。

藤岡　それはいくらさかのぼってもいい。中世、古代にさかのぼってもいい。人類の起源からさかのぼってもいい。

宮脇　それはもう全然かまいません。

藤岡　逆に、昭和十二年に起こったことがその後、どういう影響を与えているかということでもいいわけです。

宮脇　もちろん、それも排除などしません。

藤岡　そうではあっても、やはり一つの遵守事項として昭和十二年に一つの根を持つ。そういう形で構成されていれば、全てオーケーということですね。いいかえれば、昭和十二年の事象は、因果関係の流れの中で、それ以後の事象の「説明項」にもなるし、それ以前の事象からの「被説明項」にもなりうるわけです。

特定の年に注目するこれまでの試み

宮脇　要するに、逸脱することなくみんなが議論できるように枠を決めた、ということです。

藤岡　特定の年に注目するという試みは過去にも例があります。独自の見識と洞察力をもった文筆家に、鳥居民という人がいます。この人の『昭和二十年』というノンフィクション・シリーズ（草思社）が十三巻、一九八五年から約三十年をかけて発刊されています。『「反日」で生きのびる中国――江沢民の戦争』（草思社　二〇〇四年）という本も書いている人です。他に、『一九八五年』（吉崎達彦　新潮社　二〇〇五年）という新書版の本もありますね。一九八五年はもちろんプラザ合意の年ですから、戦後経済史的にはやはり突出した意義のある年ということになるのでしょう。

倉山　まったく話が飛んで申し訳ないですが、McLynn, Frank (2005), *1759 : The Year Britain Became Master of the World*, Pimlico という本もありましたね。題名でわかると思いますが、七年戦争中の一七五九年の意義を取り扱った本です。カナダのケベックの戦いでジェームズ・ウルフ将軍がフランス軍を撃破するなど、イギリスを世界の大英帝国に押し上げた重要な年だと評価されています。

外国には、特定の年の意義を研究した学問的業績は奇異なことではありません。我々が昭和十二年（一九三七年）を選んで研究するというのも悪いことではないはずです。

藤岡　昭和十二年に着目した本というのも、実は意外にもいくつかあります。一つは戦前に、仲小路彰《なかしょうじ》という文筆家が『第二次大戦前夜史　一九三六』『第二次大戦前夜史　一九三七』という本を出しています（ともに国書刊行会から二〇一一年に再刊）。ただ、『一九三七』の巻を読んでも昭和十二年の出来事にはほとんど触れられておらず、別の巻で触れられていて、少々構成によくわからないところがあるものでした。それから、最近のものですが、文春新書に『昭和十二年の「週刊文春」』（菊池信平編　文藝春秋　二〇〇七年）という本があります。

宮脇　変なタイトルでしょう。私も読みました。戦前、出版社の文藝春秋から『話』という月刊誌が出ていたんですね。その中の記事を『週刊文春』風に並べかえたらこんなふうになるという、当時のジャーナリストがどんな雑誌を出していて、どんな記事が出ていたか、それを再録した本でした。

藤岡　この時代の感覚がよくわかる便利な本ですね。昭和十二年に着目しているところが、われわれの観点と共通しています。

倉山　『一九三七年の日本人』（朝日新聞出版　二〇一八年）という本がありますが、これを書いた山崎雅弘という人は活動家ですね。

宮脇　安倍首相の悪口を言った人でしょう。

倉山　まあ、いつものことのようです。ただ、ここで活字で残るところであえて言いますが、山崎さんのような我々と明らかに思想や立場が異なる人にも来ていただき、学術的な手法で発表していただきたいと本気で思っています。異なる思想や立場の人たちが学術的《アカデミック》に議論できる場こそが、「学会」だと思っていますから。

藤岡　一九三七年に着目してまとめてみようとしているところを見れば、一九三七年というのはやはり着目される年であるということは言えるのかなとは思いますね。

宮脇　山崎さんの本の帯に《七月七日の銃声が、社会の変化の始まりだった――》とありますが、別に銃声で全て始まったわけじゃないんだから。

藤岡　むしろお定まりのレトリックという印象です。ただ、こういう打ち出し方から、大体この人の立場はわかるんですけれどもね。

――先ほどの『昭和十二年の「週刊文春」』で思い出しましたが、当時、文藝春秋といえば何といっても菊池寛でした。『文藝春秋』という月刊誌が今でもありますが、当時は表紙の上の部分に「菊池寛編集」と大きく書いてありました。菊池寛というのは非常なアイデアマンだったわけです。菊池寛がつくりあげ、それで今日文藝春秋はある、と思います。

宮脇　その威光もだいぶ薄れてきましたけれどもね。しかし、菊池寛の薫陶を受けた人たちがいる間はちゃんと動いていた感じがします。『昭和十二年の「週刊文春」』に並んでいる題名を見ているだけでも面白い。

――当時、いま最も面白い人物を取り上げようということで、菊池寛が三人選んだことがあります。第一回は徳富蘇峰。翌月は後藤新平でした。政治家で面白いのは、後藤をおいては誰もいないということになった。蘇峰はジャーナリストですね。三人目は、教育者として新渡戸稲造を選んでいます。

宮脇　すごいですね。

倉山　いつの話ですか。

――一九二七年ですから、昭和二年ですね。

倉山　後藤、新渡戸が生きているときの話ですものね。徳富蘇峰は戦後まで生きていますけれども。

――岡本一平が似顔絵や漫画を描いていました。

倉山　岡本太郎のお父さんですね。

――岡本一平がいかに才人だったかというのは、当時の似顔絵を見ればよくわかります。

宮脇　素晴らしいものです。最近は流行らないけれども、これが始まりですよね。

藤岡　政治漫画の始まりですね。

宮脇　昔は新聞に政治漫画が必ず出ていましたが、最近は描く人がいなくなってしまいました。

世界における「元号」

――昭和という日本の年号と西暦、ということをもう少し伺ってみたいと思うのです。当時つまり昭和十二年頃の人たちは、年号と西暦、どちらで考えたのでしょうか。私は昭和二十四年に生まれましたが、子供の頃はだいたい昭和で、昭和三十年などといった具合に考えておりました。しかし一九六〇年から七〇年ぐらい、学生になったころには、いつの間にか西暦で考えるようなことをしていたと思います。

昭和には、その前に大正があり、その前に明治という時代があった。昭和の後は平成です。そして平成は二〇一八年で終わり、二〇一九年からは新しい元号になるということになります。西暦しかなく西暦一辺倒で考える国ではなく、元号、また天皇の御代というもので考える国が日本ですね。暦というのは非常に大事なものだと思います。

藤岡　わかりきったことで恐縮ですが、ちょっとだけ補足をします。正確に言うと、平成は三十一年までであることになります。譲位の日が四月末になったので、それまでは平成三十一年です。

倉山　先に『コンサイス世界年表』について、日本の元号の他、西暦、イスラム暦、干支、中華民国暦、満洲帝国とベトナムの元号までつけてくれているすぐれものだという話をしました。しかし一つ抜けているものがあります。皇紀です。

一九四〇年は皇紀二千六百年祭にあたる年でした。そのことを本当に日本人はちゃんと意識していたのかどうかというところから、我々は調査したいわけです。多分、意識していたのでしょう。普段であれば、意識していたんですよ、と推定で言い切ってしまうのですが、学会というところですので、これはしっかりとリサーチしてから言った方がいい。

言論人というものは、言わないと仕事にならないので、多分そうなんだろうというところでよしとして、いわゆる面白いことを言い続けます。学会は面白いことは言えない場です。面白いことを期待される人は用がないので他に行ってください、という場であって、面白いことを言えなくても確実なことを積み上げていこうという場が学会です。皇紀がこのときに本当に意識されていたのかどうかというのは、もはやそうした研究課題です。

藤岡　それ自体、大テーマです。研究としては倉山さんのおっしゃる通りですが、常識的な話としては、当時の日本人は皇紀を鋭く意識していたと思います。一つの要因として、二千六百年という切りのいい数字だったことがあります。海軍の「ゼロ戦」、戦車の型式は「九八式」

などのように皇紀です。それから、私の姉はたまたま皇紀二千六百年（昭和十五年）の生まれなのですが、名前は紀子です。この年は「紀」の字のついた名前が大はやりだったようです。人名分布から調べるのも面白いと思います。

宮脇　調べればわかります。日本は、書いたものが全部残っている国です。

倉山　調べないで適当なことを言っている人があまりにも多すぎるわけです。今はネットでちょこちょこと調べればわかることもずいぶん多い時代です。そういう時代だからこそプロアマ問わず、一次史料に基づき、事実を特定してから発言しようといったところです。

宮脇　今の世界に、元号を持っている国は日本の他にありますか。

藤岡　ないでしょうね。

倉山　ベトナムももう使っていないようですね。公的な元号全廃は一九四五年です。

宮脇　もともと暦は、アジアのシナ文明においては皇帝にしか決められないものでした。一番の価値を追求するというよりも、誰が統治者なのか、為政者は誰なのかわからせる、はっきりさせるという目的で元号は定められました。

藤岡　朝鮮半島では、国号も自分では決められない。元号は中国の王朝のを使っていたのではなかったですか？

宮脇　はい。少なくとも高麗がモンゴル人のフビライに降った一二五九年からあとは、朝鮮半島独自の元号はありません。ちなみに、モンゴル人の政権が元という王朝名を持つのは一二七一年のことですが、フビライが即位した年からは「中統」、弟のアリクブガとの内乱に勝利した一二六四年からフビライが亡くなる一二九四年までは「至元」という元号を持っています。もちろん、朝鮮でもその元号を使います。元が明に代わったあと、高麗は家臣の李成桂に簒奪されましたが、朝鮮という国号は明の皇帝が決めたというのは有名な話です。朝鮮王は明の家来であり、そのあと清の家来になりましたので、ずっとシナの元号を使わなければなりませんでした。原則として日本は、いつでもではありませんが、一人の天皇に一つの元号ですね。かつては途中で変わることもありましたけど。

倉山 明治以来の一世一元の制の方が例外ですね。近世まで、天皇には改元大権がありましたから。

宮脇 明治以前は出来事によって元号を変えていた。明治になって一世一元と決めたわけですね。いずれにしても、日本は元号をずっと継承するという歴史的な伝統を持っている稀有な国である、ということをないがしろにしがちだというのは問題だと思います。我々はといえば、昭和は昭和という意識が強い。それから後の世代は、だんだん希薄になっていきます。

「昭和十二年」の世界地図

倉山　昭和十二年の時点で、昭和という元号をどれだけの人間が使っていたのか、意外に広範な範囲で使われていいます。まずそういう地図を見る人がいませんね。

そもそも、ちっぽけな日本が大きな中国を侵略したと思っている日本人が多いわけですが、当時の地図を見ればわかる通り、中華民国より大日本帝国の方が広いわけです（本書八、九頁の地図参照）。そこからまず明確にする必要があります。自虐史観云々の前に、当時の大日本帝国と中華民国の広さを示す地図が出てこない。

宮脇　戦後の日本が、教育界もマスコミも史実を明らかにしないということです。

倉山　わかりやすい説明を受けていないから、みんな意図せずに自虐的になってしまうのです。逆なんです。当時、朝鮮人は日本国民です。ですから、世界で西暦は当然普通に使われているにしても、昭和という元号を使っていた人間の数は非常に多い。ざっと、一億人です。一億人というと、確かに現在の人口より少ない。しかし、当時の世界の国々の人口の中ではかなり上の方で、トップテンに入っています。日本の元号を使っている範囲は、地球の約四分の一です。

それに、日本人は世界中に移民に行っていますし。

宮脇　私の満洲国関連の本、『世界史のなかの満洲帝国』（ＰＨＰ研究所　二〇〇六年）、『世界史のなかの満洲帝国と日本』（ワック　二〇一〇年）、『真実の満洲史　一八九四―一九五六』（ビジネス社　二〇一三年）、『日本人が知らない満洲国の真実――封印された歴史と日本の貢献』（扶桑社　二〇一七年）といった本では、まず、当時の日本の領土はこのぐらい、という地図を歴史地図として出しています。出さないことがおかしい。大日本帝国は海から何から、国際連盟による委任統治領も含めて非常に大きな領域を持つ国家です。このことを多くの日本人が知らないということは、かなり問題です。

藤岡　地図は重要で、かつ面白いですね。地図でいうと、戦争中、少国民が世界地図を広げて日本を見ると、その領土が余りに小さくて意気阻喪する。それはかわいそうだというので、わざと日本を実際より大きく描いた地図がつくられました。

それから別の話ですが、戦後は日本は経済大国になりました。そこで、経済力を面積に換算した地図がつくられました。中国はガクンと小さくなり、日本はなんと太平洋のまん中までデンと構えている大国になっています。

倉山　昭和十二年当時、昭和という元号を使っていた人々がどこにいて、それが今の国に直すと何カ国になるか一度調べてみましょう。

藤岡　朝鮮半島では昭和を使っていましたよね。

倉山　もちろん日本の元号を使っています。他にも、今で言うと太平洋諸島にも結構あります。

藤岡　国際連盟の委任統治領がありますね。

宮脇　海も入れると非常に広い地域です。もちろん台湾もそうですし。

藤岡　委任統治領も含め、大日本帝国統治下の地域、領土では全部、昭和という元号が通用したのではないでしょうか。

倉山　パラオなども同様でしょう。当時昭和という元号が使われていた国の数は、今に直すと何カ国になるか。例えば西洋史では、オスマン・トルコ帝国が滅びたときの国を今に直すと四十カ国に及ぶとか、そういうことをごく普通にやるわけですから。

それから、当時の中華民国の状態です。満洲は当然日本ですし、新疆ウイグルやチベットなどには全く実効支配は及んでいません。また、モンゴルはソ連です。「昭和十二年学会」は、そういった事実の集積をしていこうという学会です。

西暦と元号の違い

――括弧付きの西暦一九三七年という話は先にも出ましたが、やはり、むしろ西暦ではなく元号で、ということのようです。

藤岡 それを外国向けに発信するときにはどうしようか、という問題は一つありますね。

倉山 欧米語名は「一九三七年学会」という西暦を使った翻訳にする、ということでいいのではないでしょうか。

藤岡 それでいいのだと思います。私としては、たいへん自然なかたちで「昭和十二年学会」と名付けただけといえばその通りなのです。我々日本人が歴史を語るとすれば、一九三七年というより昭和十二年というのが自然であるという感覚が、私にはやはりあります。

私の場合、西暦はどちらかというと合理主義の観点で使います。特に元号の変わり目で西暦を意識して使うようになりました。昭和から平成に変わったときに、換算の計算が面倒臭くなったんですね。そのおかげで西暦の方が楽だということもあります。平成も時期が長くなり、その分、長さに幅がでてきますから、平成では何年、西暦では何年というのが数えやすくなったということもありましたね。だから今度、平成が変わるというときが、私にとってはまた一つ問題です。

倉山　元号は不便だからやめようと言われることがよくあります。アメリカ人は、特にそういう発想が強く、米語あるいはアメリカ人が考えた言葉はきわめて合理的です。一方、イギリス人は不合理なものを好みます。英語の方が米語つまりアメリカ英語よりも不合理な点が多い。

藤岡　六十進法を使ってみたりとかですね。日本には元号法があり、役所の公文書は元号で表記しなければいけないということが法律で定められています。そういう部分がかろうじて元号の存続を支えたということもあるでしょう。しかし、国民の意識の中では、やはり普通は元号を使ってものを言うのではないかと思います。例えば家族で話をするとき、二〇一七年はこうだったね、というふうにはあまり言わないのが普通です。今を生きている者の時代感覚と、それから昭和十二年当時の人々の時代意識の比較は一つ、たいへん面白いことだと思います。

倉山　私は大学の文学部に入り、修士は国史学科で取得しました。ところが、博士課程に入った瞬間に名称が日本史学科になった。国史という名前はやめようということになったのです。結果的に国史学科という名称が現在も残っているのはごくわずかだと思います。軒並み、日本史学にされてしまった。そのことと同時に進んできたのが元号廃止運動でした。だから「昭和十二年学会」は、名前自体からして歴史学会に喧嘩を売っていることになります。

藤岡　確かにそういう感覚ですね。

倉山　「一九三七年学会」という名前であれば、何か腰が引けてるな、です。しかし「昭和十二年学会」は、これは一歩も引く気がないな、という名前です。

藤岡　そんな激しい主張になるとは、夢にも思わなかった（笑）。

――世界に発信するときには一九三七年を入れる、という考え方でよろしいわけですね。

藤岡　研究対象も、日本だけに限るわけではありません。

日本を「侵略国家」とだれが言い出したか

――そこでお伺いしたいのですが、昭和と言いましても、十二年で終わるわけではありません。とにかく昭和は長い御代でした。昭和十二年が日本にとっても、世界にとっても重要な年であるという話は先にも出ましたが、あらためて昭和十二年に焦点を当てる理由を整理させていただければと思います。

藤岡　とりわけ日本は侵略国家であったと烙印を押される、そういった評価が定着するようなきっかけとなった出来事が、昭和十二年の支那事変でした。昭和二十年までの歴史の中で、決定的にそこに足を踏み込むきっかけとなる出来事が昭和十二年に起こった。一言で言えばそういうことです。

——先ほどちょっと話題に出たことを繰り返すことになりますが、日本は侵略国家であるとか、そういったことは誰が、いつの時代に言い始めたのでしょうか。侵略ということで言えば、あえて侵略という言葉を使うならば、日本などより、もっともっと早くから侵略を遂行している国はいっぱいあります。例えば歴史の教科書に表現されるなど、日本は侵略国家であると烙印を押されるのはいつ頃からなのでしょう。

藤岡　一言で言えば、戦後であると思います。

——戦後すぐでしょうか。

宮脇　すぐではありませんね。もちろん、一部の確信犯的な人は戦前から言っていたわけですが、中国や韓国などから批判されて普通の日本人もそうかと思うようになるのは、かなり後の時代です。いま起こっている出来事自体、それをすでに歴史として考えるならば、一九八〇年代、一九九〇年代ということになると思います。

倉山　人によってそれぞれ難しい解釈があります。

宮脇　教科書の変更などは戦後すぐです。GHQ（連合国軍最高司令官総司令部）の占領下で日本の歴史の書き変えは始まっています。

藤岡　ＧＨＱが紙まで用意して全国の新聞社に掲載させ、その後教科書に指定された『太平洋戦争史』ですね。

宮脇　しかしながら、今のような状態になるまで、少しずつレベルが違ってきました。歴史というものは、そもそもこれが絶対ということはありません。誰から見たものであるのかとか、歴史の流れはどうかとか、いつどこで書き変えられたものであるのかとか、幾つものレベルがあります。私自身も、誰が日本は侵略国家だったと言っているのかという主体を決めないと、本当のところ、その次には行けませんので、今ここで断定的にお答えしかねる、というのが正直な気持ちです。

倉山　一応、史料で確定することはできます。大抵の日本人は、ＧＨＱが何を言おうが、そんな馬鹿な、と思っていました。

宮脇　事実を知っていた人がいた間は、ですね。

倉山　そういう人たちはかなりの数、いました。ところが昭和四十年ぐらいになると、戦後二十年ということで一世代回ってしまいます。そこまでは、千差万別ではあるにせよ、かなりの抵抗力がありました。

東京裁判史観があり、いわゆる自虐教育が憲法学、政治学、歴史学で始まります。憲法学の宮澤俊義であり、政治学の丸山眞男であり、歴史学はそれこそ岩波書店の『昭和史』（遠山茂樹、藤原彰、今井清一（一九五九年）といったグループです。ただし、先ほども紹介しましたが、戦前から日本は侵略国家だと言っていた人が一人だけいました。国際法の横田喜三郎です。満洲事変のときに日本は侵略国家だと言い、周囲から白眼視されました。横田は、世界で最初に東京裁判を正当化した人でもあります。したがって日本は侵略国家だと世界で最初に言ったのは、史料で特定でき、かつ本人が言っているので間違いなくこの人、横田喜三郎です。つまりこれは、横田喜三郎が言い出したことが多数派になったのはいつなのかという問題です。

昭和十二年当時、日本は侵略国家であると言っている人は超少数派です。昭和十二年から始まった事変（昭和十六年十二月からは戦争）が侵略だと言われるようになったのはいつなのか、これを特定するのもまた一つの研究対象となるでしょう。横田喜三郎が支那事変をどう言っていたのか、そこはちょっと私は知りませんが、少なくとも満洲事変を侵略だと言う人が支那事変を自衛だと考えるわけはない。彼に言論の自由があったかどうかということもありますが、たぶんおとなしくしていたでしょうね。この点は宿題にさせてください。

藤岡　横田喜三郎のほかに、国際法のまともな学者も戦前はいたでしょう。

倉山　当時はまだまだちゃんとした人、信夫淳平、立作太郎、田岡良一、田村幸策といった学者がずらずらといたので、横田は変な人と思われていただけです。当時はそういったちゃんとした人たちが書いたものをみんな、本流の教科書として読んでいました。

——侵略という言葉が一般的に知られてくるのはかなり後年、戦後の遅い時期ということになりますか。

宮脇　遅いと思います。けれども、根はありました。はっきりと、事実はこうであるという研究などないまま何となく、そっちの方へそっちの方へと、日本は侵略国家だという意見がどんどん強くなっていった。そして結局、世界的、国際的には、中国と韓国が世界中に発信するようになった、ということが起こるわけです。

倉山　それは、昭和五十七年の教科書問題の話ですね。

宮脇　でも、結局、日本が気にしているのは、国内よりは外国にどう言われているかということで、それが侵略国家というテーマでしょう。

倉山　その点で言うと、東京裁判がサンフランシスコ条約で何となく確定し、まあまあ強かった左の言論をさらに蒸し返したのが教科書問題でした。宮澤喜一です。

宮脇　一九八二年十月、文部省（当時）の教科書検定基準に、「近隣のアジア諸国との間の近現代の歴史的事象の扱いに国際理解と国際協調の見地から必要な配慮がなされていること」という、「近隣諸国条項」とよばれるバカな規定がつくられました。「歴史教科書」に関する宮澤喜一内閣官房長官の八月の談話が、その方針の表明でした。

倉山　今みんなが想像する歴史問題が始まったのは、あそこからです。近隣諸国に配慮して教科書をつくる。

宮脇　そして、あちらの言い分をどんどん教科書に書くようになる。そういう作業が目立つようになりました。

倉山　それまで日本は、ナチスドイツと同じぐらい悪い国でした。ところが今は、ナチスより悪い国になっているのです。ものすごく大根切りにして言いますと、一九八二年に、そういう起点があります。

宮脇　日本政府が認めたのだからということで、中国や韓国がどんどんエスカレートし続けて今に至るということです。我が身にはね返ってきている状況だと私は思います。

藤岡　日本は侵略国家だ、あるいは、日本は侵略した、ということが学会のレベルではどういう意味で言われてきたのか。一般ジャーナリズムはどうだったのか、そして一般国民の意識の上ではどうだったのか。改めていま俎上に載せ、しっかり調査しなければいけませんね。

倉山　昔、私が大学院一年生のときに一回調べたことがあります。実は簡単な話です。『史学雑誌』（史学会　明治二十二年創刊）に毎年「回顧と展望」が掲載されますね。あれの近代史部分を読んでいくと、自虐史観がどういうふうに定着していくかわかるのです。あの藤原彰氏ですら「愛国心」と言っていたりします。

宮脇　「回顧と展望」は戦後すぐに始まっていますね。一九五〇年代にはすでにあります。

倉山　かの藤原氏が右になってしまうような、すさまじい内容です。

藤岡　「回顧と展望」は、まさに歴史学界の主流です。

倉山　歴史学界が何を言っているかは、あれを見て分析すればいい。「回顧と展望」で昭和十二年がどう語られてきたか。これも、やりましょう。

宮脇　それだけでも、順番に変化がわかります。

戦後の歴史学界の偏向

倉山　藤原社長から、戦後の最初の二十年はどうだったかというお話がありましたが、基本的には極左です。共産主義者でなければ学者ではないという状況でした。例えば私の師匠の歴史学者、鳥海靖先生に聞いた話ですが、「君の論文には階級的なものの見方がないね」などと言われていたとか。マルクス主義にのっとったものだけが学問であって、それ以外は学問として認めないという時代です。

ただ、左翼の中にも心ある人がいて、「特にマルクス主義の理論に詳しくなくても、実証的な研究であれば構わないではないか」とかばってくれた大御所もいたとか。それが遠山茂樹氏だったとか。岩波歴史学の総本山の方です。

そんなこんなで、師匠の鳥海先生は、ノンポリでも近代史をやっていいという道を切り開いた最初の人です。少なくとも、私が若い頃に「回顧と展望」を全部読み、先行研究を調べた時の記憶では。『大世界史23　祖父と父の日本』（文藝春秋　一九六九年）を書かれました。

宮脇　文藝春秋が『大世界史』というのをシリーズで出したんですね。二十六巻あって、玉石混交で、それぞれ、すごくいい巻と、大したことない巻とがありました。

倉山　どの本が悪いかは今日は言及しませんが、戦後について書かれたものはひどかったですね。

それはさておき、そのあと伊藤隆先生が『日本の歴史30　十五年戦争』（小学館　一九七六年）という本を書かれました。十五年戦争などという日本は侵略国家であるとみなすような題名で書かされること自体がおかしいのだ、みたいなことを伊藤先生はおっしゃって、初めて反共でも歴史学をやっていい、近代史をやっていいというふうになったのです。その後、伊藤先生の弟子が歴史学界の中枢になるのですが、その恩恵にあずかったのが北岡伸一さん、御厨貴さん、五百籏頭眞さんといった世代です。

法学部の政治史では、三谷太一郎さんが『原敬日記』を使って『日本政党政治の形成――原敬の政治指導の展開』（東京大学出版会　一九六七年　一九九五年増補）という政治史の本を書きました。一次史料を使って、マルクス主義の理論と関係なく事実を書くというのはまったく普通のことです。ところが、三谷先生はどちらかといえば岩波文化人みたいな人であったにもかかわらず、マルクス主義と離れているというところで歴史学界は怒り狂うわけです。

そういった、今となっては信じられないような状況が一九五〇～六〇年代にあり、七〇年代に入って少しはましになったところで八〇年代の教科書騒ぎが起きます。一九九一年にソ連が崩壊し、いい加減にもう共産主義が通じなくなったらどうなったか。本物の共産主義者がいなくなり、マルクスも読んでいないような共産主義者っぽい人が出てきた。ざっくり言うと、赤が消えて赤っぽい人だけが残って今に至る、ということです。

藤岡 鳥海靖先生からは、私も非常に勉強させていただきました。憲政史のテキストのような本がありましたね。

倉山 代表作は、『日本近代史講義――明治立憲制の形成とその理念』(東京大学出版会 一九八八年)になります。かなり難解な本ですが。

藤岡 それから、NHKの講座番組や放送大学の番組などで拝見しました。

受け身の姿勢をのりこえる

宮脇 話を少し戻しますが、日本が侵略国家であるといつ誰が言ったのか、と藤原さんが疑問を呈された。私は最初、本当に同じことを考えたのです。侵略国家と言われるきっかけの事件、日本の侵略だと言われている事件が昭和十二年にいっぱいあり、今、いわゆる歴史戦として問題になっている。

藤岡　日本の侵略だとされているのは、盧溝橋事件、上海事変、南京事件ですね。

宮脇　南京事件の少し前の時期のものとして最近、正定事件という事件が出てきたというふうに藤岡先生はおっしゃる。実は私は、そこのところに最初、ものすごい反発を感じたのです。他人から決められた枠組みで昭和十二年をとりあげるというのはちょっと嫌、ということです。要するに、与えられた、もしくは向こうから言われていることで昭和十二年を取り上げるという姿勢への反発です。

藤岡　向こうからというのは、中国や韓国から、ということですね。

宮脇　外国、つまり日本人ではないところから言われている。もちろん、日本国内の反日の人々はそれに呼応しているわけですけれども。

藤岡　問題設定そのものが受動的ではないか、という意味ですか。

宮脇　そうです。あくまでも受け身で、外から言われたことに対抗して、それは違うというものをつくりたいということ自体が後ろ向きです。やはりそこは日本人らしい、結局は対処と受け身だ、ということになるのかもしれません。

藤岡 日本文化というのは受け身なのですよ。

宮脇 支那事変を考えてみても、日本はいつでもそうなのです。ことが起こってから対処を考える。イギリス人はいつも自分たちがリードしようとしますが、ソ連もスターリンのときは、常に何かが起こる前に設定を行ない、自分たちでどんどんものを考えます。しかし、そういうことを日本の近現代史はできてこなかった。

藤岡 まさに先の文脈で、つまり状況対応的に「昭和十二年学会」を発想すること自体が日本文化的だということですね。

宮脇 その通りです。そこで、何とかそれをのりこえる言論を考えたいと私は思っています。

藤岡 おっしゃる通りです。非常によくわかります。あとで話しますが、出発点にあったのは、五つの事件が全てこの年に起こっていたという発見から、個別の事件の調査を超えて通底する構造を知りたい、もっと専門家に研究してもらいたい、というのが、私が「昭和十二年学会」を思いついた直接の動機でした。これは事実ですから、かくすのは不誠実です。ただ、その構造や大きい文脈を立てると、もっと大きな次元のテーマに昇華します。倉山先生、宮脇先生に投げかけたことで、まさにそのようになったと思っています。これは改めて話しましょう。

第三章　「昭和十二年学会」創立のいきさつ

通州事件と正定事件から

――「昭和十二年学会」がお持ちの視点と言いますか問題意識がいくつか出てきたように思います。そこで、学会創立のそもそものいきさつを伺うことで、またさらにその点が、違う角度からも浮き彫りになってくるのではないかと思います。まずは藤岡さん、いかがでしょうか。

藤岡 ご指名ですので、「昭和十二年学会」創立のいきさつを、私の立場から述べさせていただきます。

「昭和十二年学会」という言葉を思いついたのは、私(藤岡)です。初めにお伝えしておかなければならないのは、だからといって私がその旗振り役をやるなどとは全く考えていなかったということです。ですから、これほどの反響があったことに、私自身が大変驚いております。

ことの始まりは、私が歴史上の二つの事件に「遭遇」したことです。まず、一つめの事件。今から六、七年ほど前のことです。ある講演会の会場の入口で、紫色の表紙の私家版の本を知人に勧められ、千七百円ほど支払って購入しました。『天皇さまが泣いてござった』というタイトルで、著者は「しらべ　かんが」という不思議なお名前です。奥付には著者として漢字で「調寛雅」と書いてある。発行は平成九年(一九九七年)の十一月です。

著者は佐賀県基山町という所にある因通寺の住職で、二〇〇七年に亡くなっています。西本願寺の別府別院というところで、講話をされた内容の記録です。著者は歴史の見直しについて様々な例を挙げ、熱意を込めて語っています。この本の原稿は十年ほどお蔵入りしていたのですが、私家版で発行する決意をされたのは、この年、「新しい歴史教科書をつくる会」が創立され、歴史教育の見直しが話題になった年だったからです。不肖私の名前も一箇所出て参ります。してみると、この本は、知らないところでつくる会が影響を与えたというご縁のあった書物と言うことになります。

さて、その中に、「通州事件の惨劇――日本人皆殺しの地獄絵」という章がありました。内容の大部分は佐々木テンという女性の体験談です。大分県出身のこの女性は、中国人の男性と結婚し、たまたま通州事件に遭遇して、夫の肩越しに目の前で繰り広げられる蛮行の一部始終を目撃していたのです。その証言はまことにすさまじいもので、ここでは詳しく述べませんが、本当に猟奇的で身の毛のよだつものです。それは日本人には絶対に思いつくことすらできない、全く異次元の暴力です。私は深刻な衝撃を受けました。

私はこれを現代の日本人が知らなければならないと思いました。そこで、この証言部分だけを本にして出版することを企画しました。著者は当然調師《しらべ》なのですが、お寺側からは原著の一部の抜き書きはもとの本の趣旨と異なるので、私の名前で出すことを条件とした上で、出版を認めて下さいました。それで、やむなく、私が解説を書き、多少読みやすく手を入れて、私の名前で出版したのが、『通州事件　目撃者の証言』（自由社ブックレット　平成二十四年）という本です。

それでも私は、このように残虐な事実が書かれている本を出版することが正しいことなのか、随分迷いました。というのは、このようなものは日本社会のタブーに触れる可能性があるからです。ここには、残虐な事実を扱う際に、日本文化にまつわる一つの大きなアポリアがあるからです。

日本人が過度に残虐な写真や描写をタブーにするのは、そうするからこそ、日本人は残虐な行為を知らず、そういう残虐さから免れているといえます。ケガレを嫌う、血を見るのを嫌う、といったことも、すべからく同じことです。日本人は世界で比類のないほど清潔を好む民族です。それはそれでよいことです。しかし、そうであるが故に、日本人に投げつけられた冤罪を実証的に晴らす機会が奪われるのです。

また、日本人は嘘をつかないことを教えられて一人前になります。それで、世界中の人も、嘘をつかないというしつけを守って一人前になると誤解しているので、大嘘を平気でつく民族が日本の近くにいることがどうしても理解できない。それで、その日本叩きの大嘘を当の日本人が信じてしまう、という悪循環が生まれる。こうして信じ込まされているのが、南京大虐殺です。しかし、日本兵がやったことにされている南京の残虐写真には、通州事件で支那兵が行なった残虐行為の写真が使われているのです。こうして、南京事件のほうは、通州事件と同じ行為が、堂々と活字や写真になって大量に売られているのです。

それで、私はこの際、企画を実現させるべく、決断した次第です。この数年、私が取り組んで来たことは、この通州事件に関する一連の調査と、殉難者の慰霊祭の呼びかけ等でした。

通州事件に出合うことで、私は初めて、近代の日本が中国大陸で直面した困難が何であったかを身につまされて考えるようになりました。それは日本人にとっては想像もできない異次元の暴力です。このことをより深く追求するためには、中国人とは何か、その文化と社会はどのように成り立っているのか、等のことを専門家から教えていただかなければなりません。また、専門家に新たな研究をしていただかなければなりません。この通州事件との出会いが一つ目の出来事です。

二つ目は、正定事件とよばれる事件との出会いです。戦後七〇年の年、平成二十五年十二月に、都内で開催されたある講演会に参加して、私は生まれて初めて正定事件のことを知りました。

正定事件とは、今から八十一年前の一九三七（昭和十二）年十月、北京の南方、河北省西部に位置する歴史の古い城郭都市・正定において起こった出来事です。日本人には正定という地名はなじみが薄いのですが、臨済宗誕生の地として記憶するとよいでしょう。当時は、その年の八月十三日の上海事変に端を発する日中戦争の真っ最中でした。日本軍はこの正定を攻略する作戦を立て、熊本第六師団に担当させました。十月八日、正定は日本軍の手によって陥落し、翌九日、日本軍は入城を果たしました。しかし、城内には多数の敗残支那兵が残留し、避難民と混在していました。

正定城内にはカトリックの宣教会（布教のための教会）がありました。東京ドーム二個分に当たる広大な敷地にいくつもの建物が建っていました。

早くも九日の朝から、宣教会は支那人による激しい掠奪の対象となりました。賊は朝から塀を乗り越えるなどして侵入しました。彼らは病身で高齢のアルベリック神父の居室を襲い、神父は身ぐるみ剥がされた上、金目のものをすべて掠奪されました。

掠奪こそは支那人の文化であり、生活様式と言ってもよいほどの行動パターンです。社会的な混乱があれば必ず起こる。実行者の立場や職業は関係がない。兵士でも誰でも、スキさえあれば掠奪者に変身する。二カ月前の七月末に起こった通州事件では、地方政府の警察官が、混乱に乗じ掠奪者に変貌したほどです。

九日の夜になって、軍服を着、拳銃で武装した十人ほどの賊の集団がやってきました。彼らは食堂に乱入し、シュラーフェン神父ら九人の西洋人を縄で縛り上げ、拉致して去った。誘拐された聖職者のものと思われる遺体は、一か月後に焼死体として発見された、とされます。日本軍将校の提案で追悼式が行なわれ、日本軍関係者も参加しました。

事件について日本の北支那方面軍は、横山彦真少佐を正定に派遣しました。横山少佐は、調査の結果、事件の犯人は「共産匪賊」であると結論づけ、報告しました。さらに、在北京日本大使館員の森島守人は、一九三八年二月十三日の公文書で、犯行は「支那敗残兵」によると明記し、その後の調査でもこれを「覆す証拠は見つからなかった。従って日本政府は当該事件に関する責任を負いかねる」と記しました。そして、カトリック教会の施設を保護する立場にあったフランス政府から「本件に関しては今後何等問題を提起」しない旨の文書を受け取っていました。以上が事件の概要です。

これだけなら、歴史上、中国大陸で何度も繰り返されたキリスト教宣教師殺害事件の一コマに過ぎなかったともいえるでしょう。いたましい事件ですが、すでに過去の出来事です。ところが、日本人が知らないうちに、看過できない事態が国際社会で進行していたのです。

二〇一二年十月十三〜十四日、オランダでシュラーフェン神父の殉教七十五周年を記念する式典が行なわれました。式典に招待された日本カトリック司教協議会会長の池長潤・大司教は書簡を送り、出席した日本人司教が代読しました。その手紙には、次のように書かれていたのです。

「正定という所にある女子修道院に、日本軍の迫害を逃れた大勢の中国女性が身を寄せていました。そこに日本軍が侵入し、『慰安婦として二〇〇人を出せ！』と要求してきたのです。シュラーフェン司教は『あなた方は私を殺すがいい。しかし私はあなた方の要求を拒否します』と答え、女性たちの引き渡しを拒んだのです。その夜、日本軍の兵隊がオランダ人のシュラーフェン司教らヨーロッパの宣教師九人を拉致し、火刑によって虐殺したのです」

ここでは、何と「支那敗残兵」「共産匪賊」の犯行が「日本軍」の仕業にスリ変えられているのです。池長大司教は、式典の主催者のシュラーフェン財団の招待を受け、財団の報告を鵜呑みにして謝罪したに過ぎません。浅はかなことです。

財団はシュラーフェン神父をカトリック教会の「福者」に列する「列福運動」を世界的に展開し、二〇一四年、一八〇〇ページもの資料をバチカンに提出して審査を待っています。

この事件が初めて日本で報道されたのは、二〇一二年十一月四日付けの「カトリック新聞」においてでした。オランダの式典の報道記事です。その内容に不審を抱いた一部のカトリック信者のグループが調査を始め、日本とフランスの公文書館にある資料を大量に集めました。その結果、日本軍が「犯人」となることはあり得ないことがわかりました。しかし、列福運動には中国が付いており、列福が実現すれば、南京事件に次いで、大きな宣伝材料になるでしょう。

講演会の会場で意見を求められた私は、二つのことを申し上げました。一つは、今集めている史料を使って、一刻も早く本にまとめるべきだと強く主張しました。歴史は先に書いた者が勝ちなのです。アングロサクソンなどのことをちょっと思い出して下さい。まだ、シュラーフェン財団側はまとまった歴史を書いていないようですから、こちら側が先に、日仏の外交史料をつかって、事実に基づく歴史を書くことは、今まで後手に回っていたこの種の問題で、初めて先手を取る意味があります。

もう一つは、そのためのチームをつくることです。こうして、正定事件八〇年にあたる平成二十八年末を目標に本を書くことになりました。そのためには、まず、フランス語の公文書を翻訳する必要があります。しかし、それには人手が足りません。それで、チームは一計を案じ、フェイスブックで翻訳作業をボランティアでやってくれる人を公募しました。それに応じて下さったかたがおられたので、手始めにいくつかのフランス語文献を翻訳していただいたところ、その出来映えが素晴らしいので、いっそのこと、その方に全資料を提供し、原稿を書いていただこうということになりました。こうして、約一年がかりで完成したのが、峯崎恭輔著『「正定事件」の検証――カトリック宣教師殺害の真実』(並木書房　平成二十九年)です。

さて、ここから直接、昭和十二年学会の創立の経過になるのですが、あるとき私は、盧溝橋事件、通州事件、上海事変、正定事件、南京事件の五つの事件が全て昭和十二年に集中していること、さらに言えば盧溝橋事件が七月七日ですから、同年の後半の半年間に集中していることに気付いて非常に驚きました。そこで、峯崎氏の著書に解題を書くように求められた際、その一文の中に次の一節をつい、書き込んでしまったのです。

「今後、これらの事件の共通点と差異を比較することによって、それぞれの事件の全体像をさらに深く探求する道が開かれる可能性があります。日本近代史における運命のこの年の諸事件を比較・研究する『昭和十二年学会』というものができてもおかしくありません。」（六ページ）

ここで、やけにねじ曲がった書き方をしているのは、私はそれを進めるだけの力量も余力もないことを知っているからです。誰かやってくれないだろうか、という願望を書いたのです。ところが、「昭和十二年学会」というこの言葉に、意外な反響がありました。「その学会をぜひつくってほしい」という強烈な希望が一部の読者から私につきつけられたのです。私は、「昭和十二年研究会」ならいつでもつくれるが、「昭和十二年学会」はハードルが高すぎて無理です、とお断りしました。そして、実際にも研究会をつくる方向で少し動きだしたのです。しかし、その作業を進めているうちに、このような条件の組み合わせは、今後絶対に生じないだろうと思えてきました。それで、何度も逡巡したあげく、倉山先生に相談した、という次第です。

私がなぜ倉山先生に相談したかと言いますと、私は倉山先生の著書をほとんど全て購入して、その大部分を読んでいたのです。人は過激な口調に幻惑されかねないのですが、倉山先生の本には、全て裏付けがある点が、思いつきを書き飛ばしたような本とは異質な内容を持っているからです。私は、啓蒙家としては十分すぎるほどの成功を収めた倉山先生に、もう一度アカデミズムの世界に戻って仕事をしてもらえないだろうか、と密かに考えるようになりました。それと、つくる会の歴史教科書の理論的・学説的根拠を確かなものにするために、専門の歴史家を紹介してもらっていたというような経過もありました。

倉山先生は直ちに趣旨を理解し、ご自身の観点を付け加えて、問題を学問的な平面に昇華する作業をして下さいました。そして、二人で話し合って、宮脇淳子先生を会長にお願いしようということになりました。宮脇先生は、ご主人の岡田英弘先生を亡くされたばかりでしたが、熟慮の上、お引き受け頂けることになりました。それどころか、『岡田英弘著作集』の編集でご縁のあった藤原書店様に研究成果の出版を引き受けていただくという、まったく想像もできなかった快挙をやってのけて下さいました。

それで、創立を呼びかけるためには、先に学会を設立してしまった方がやりやすいということで、五月二十八日、藤原社長同席のもと、昭和十二年学会を創立した、という次第です。長い話になりましたが、取りあえず、ということで。

既存の学会にない、本当にアカデミックな発表の場を

――今の藤岡先生のお話を引き受けながら、今度は倉山さんに、なぜいま「昭和十二年学会」なのかといったところをお話しいただければと思います。

倉山　「つくる会」や、正定事件、通州事件など藤岡先生がいろいろに活動している流れの中で、『「正定事件」の検証――カトリック宣教師殺害の真実』をきっかけに「昭和十二年学会」をつくろうかという段になり、御相談をいただいて……というのは今、藤岡先生にお話しいただいた通りです。

この学会に関しては、実のところ、両者のイメージは世間のものとは全く逆です。私の方が常に慎重論の受け身派で、藤岡先生が積極派です。藤岡先生は常に強気です。要塞をつくって陣地に立てこもってこっちの守りを固めましょうと私は言うのに、藤岡先生は常に平原に出て

大会戦をやりましょうと言う。たとえるならば、そのような感じです（笑）。

藤岡　そうでもないでしょう（笑）。

倉山　結構そういう運用を考えておられて。というのは、最初に御相談を受けたとき、昭和十二年で学会といった場合には研究発表者はとりあえず三人集まればいいかなと、実は私は本当にそう思っていたのです。私と藤岡先生の両方で真っ先に思いついたのが宮田昌明さんでした。加えて私は小野義典さん、藤岡先生は緒方哲也さんの名を挙げました。全員四十代の若手です。今の現役の研究者三人が発表する場として「昭和十二年学会」を考えたわけですね。藤岡先生は、既存の学会では名前を出しただけで大変な目に遭わされるような方が研究を行なう場にしたい、とおっしゃる。しかも切り口は昭和十二年、さらに学会を名乗るというところに来るということは相当ハードルが高いわけですから、現役の、本当に優秀な若い人が三人集まればいいところだろうと思っていたら、実際には長老の方も含めて十人も集まってしまって、ということでやっているのが今の段階です。

と言いますのは、つまり現在、優秀な若い学者・研究者たちのプラットフォームがないのです。はっきり言います。既存の学会には言論の自由がありません。優秀な人が埋もれています。そういった人たちが発表し、交流できる場をつくることは、すでにそのこと自体に意味があります。

そこで「昭和十二年学会」は、二つのことを排除しなければいけません。まず一つめは、学会は政治集会の場ではないということ。左の人たちが来るとは到底思えませんが、むしろ、保守の政治活動と思われては困るということです。例えば「つくる会」で藤岡先生がされている活動は、通州事件のイベントにしても、保守の政治集会です。学会を名乗ってしまうのであれば、それとは全く違ったことをやらなければいけません。今、私自身も言論人であって、現役のアカデミズムにはおりません。これまでの手法とは全く違ったことを考えなければいけない、ということを意識しなければいけません。だから今年は事務方に徹します。

もう一つは本当にアカデミックにことをなす、ということです。先ほどから繰り返しお話に出てきているように、本当に学際的にやらなければいけない。アカデミックにやるということは、保守の政治集会を排除する以上に、非常に大変なことです。では、何をして学問的と言うのか。それは今までの学問をつくってきた実績をもつ既存の人たちが決める権利を持っていま す。そのルールにのっとりながら、やりたいことをやらなければいけないということに対して腐心する。大変であるがゆえにやろうということが「昭和十二年学会」創立のいきさつです。

後継者を育てる

宮脇　藤岡先生と倉山さんからお話をいただいたとき、私はもちろん非常に驚きました。私は一生学者として生きていくつもりです。真実を見出すこと、史実をきちんと積み重ねることが学者の本分です。そしてもう一つの学者の本分として、一般の人の啓蒙と言いますか、自分が研究して到達し、こうではないかと思ったことについては、日本の普通の方々にちゃんと伝わる本を書いて、その結果を還元する。そこまでが私の義務と思ってこれまで生きてきました。

主人の岡田英弘も、しっかりした研究をすること、プラス、それをわかりやすい形で提示してみんなを啓蒙するという、この二つが学者の本分だということを常々言っておりました。とはいえ主人の岡田英弘も、頼まれ仕事に関してはジャーナリスティックなこともやりました。「新しい歴史教科書をつくる会」においても最初から賛同者として参加し、藤岡先生とはお知り合いですし、西尾幹二先生にとても大きな評価をいただいていました。

藤岡　私は岡田先生の講義を、「つくる会」の理事会が企画した少人数の研究会で初めてお聞きしました。素晴らしいお話でした。

宮脇　「つくる会」のスタートのとき、主人は西尾先生に懇願されて、世界史の教科書のモンゴルの部分、そして日本の歴史のモンゴルと関係する部分も担当しました。日本古代史の講義にも、中国史の講義にも出向きました。それが今、藤岡先生がおっしゃった講義でしょう（主人が古代史の講義をしたのは、小林よしのり氏も参加しているような、壇上にたくさん並んだオープンな場でしたので、違うと思います。少人数の研究会は、中国史のほうでしょう）。当時は西尾先生から毎晩のように電話がかかってきて、一時間ぐらいは中国史を講義していたものです。西尾先生はがんがん質問をぶつけていらした。岡田英弘にとっては、とにかくそれも啓蒙活動の一つでした。一番影響力のある人の頭を変えるというのが非常に大事なことを知っていましたし、西尾先生とは古い友人関係でもありましたから、とても熱心に取り組んでいました。私はそのことを知っていましたので、岡田英弘のそういう活動は本当に偉いなと思います。

「つくる会」についてはそういうわけでずっと知ってはいたのですが、私自身は、政治活動に巻き込まれないように努力をしてきました。運動というものは他人と一緒にやらなければいけないので、自分のしたいようにすることはできませんし、責任についても自分だけが取ればいいということにならない。私はそれを知っていたので、なるべく関係しないようにしていました。私は学者としてできる限りの義務は果たすけれども、しかしやはり運動は私の仕事ではないと分けて考えていたのです。

倉山さんは私の本当に古い親友です。出会った最初の頃から、私の知らなかった日本史、それから近現代史、世界史のことを、倉山さんの仕事を読むことで勉強し、事件の背景がつながったり、なるほどそういうことだったのかとわかったりしてきました。私は、大学時代に専門に選んだモンゴル史から始まり、モンゴルが関係した満洲、シナ、中国、それから朝鮮史まで守備範囲が広がりました。でも日本史は私の専門ではありませんから、誰を信用して読めばいいのかという問題があります。倉山さんは、非常に信用のできる研究をしていることを知っていましたから、そういう人に頼まれたのであれば、と今回の学会のことはとても真面目に考えました。

私は、自分が専門にする学問分野の学会からはほとんど排除されてきましたが、しかし学者で一生を終えることを決意しています。自分に満足のいく学問を生涯を終えるまでしよう、もちろん主人であり師である岡田英弘の名前を汚さないように生きようと思っていたところに、会長になる打診をされて、「えっ、そうか、最後にこんな仕事が来たか」と思いました。ちょうど少し前、ある人に「ビジョンを持って行動してください」と言われ、「人生の最後には行動もしてくださいね」と頼まれていたことを思い出し、さらに、私自身はこうやって立派な学者だった岡田にちゃんと守られ、自分の仕事を世の中に出すことができて、私の業績はすべてきちんと本になっているけれども、講演などをするときに「後継者を育ててください」といろいろな人に言われてきたなあ、ということにも気づきました。

それで、そうか、と改めて考えました。世の中にきちんと評価されていない、言いたいことがあっても黙るしかないような人を、それほどたくさん知っているわけではありませんが、学界という世界には、やはりそういうことが往々にしてある、ということはわかっています。できることは、やはりしないといけない。そういった人たちが自由に、本当にちゃんとした仕事を発表できる場所をつくる手伝いぐらいはできるかもしれない。そう思ったので考えを変えて、私はこの仕事に参加することにしました。

三人は全然違う立場で、これまでの経歴なども全く違います。我々三人が集まったことで、既に学際は始まっていて、もう何回も何回も会合を持っていますが、そのたびに非常に刺激を受けます。なるほどと思うことが多く、また、新しいこともわかりますし、助け合うこともできる。一人では何もできない、二人いても線にしかならない、しかし三人いると場ができるというのはこのことでしょう。この場が広がっていくことで、その中に入ってくることのできる人が新たに登場し、本当のことが言える場所が増えていく。それは、日本の将来にとって非常にいいことだと思うのです。これまでにないものをつくるということになりますが、どういう形になるのかはまだ我々もつくっている最中なのでわからないけれども、多分何かの助けになるでしょう。それこそ、どんなに大きなお城でも、城壁にアリの穴があけばそこから水が漏れるように、変化が起こるかもしれません。日本の、制度疲労に陥って膠着してしまっている今の状態に風穴が開けられれば、と思います。

日本にたくさん存在する既存の学会については、主人の岡田英弘も私も、中からの改革は随分考えたのです。一所懸命やったのですけれども駄目でした。駄目なときは、内側からの改革はあきらめて、一から外につくる、というのは非常に正しいことです。つくってみれば、それを見習う人も出てくるでしょう。たぶん雪崩現象が起こります。これは努力する甲斐がある、行動する価値がある、と思うようになりました。これまでなかったものをつくるのはいいことだということです。

この座談会でもわかる通り、お互いに揉めたり、これは駄目、とかいろいろなことを言い合っている最中です。それでももう踏み出してしまった。新たな生き甲斐もできましたし、これは新しい仕事になるはずですから、どんなふうにできるかわからないけれども、やる価値があると思っています。この学会のおかげで、私も日本史の勉強ができます。

学会の会長というのも驚いたのですが、それでも会長に就任する立場として、昭和十二年は私の専門では全くないということにも意味があって、全然違うところで助言もできるでしょう。できれば私は、自分の学問が直接関係するかどうかよりも、すこし離れた目で学会のメンバーの皆さんを見守る形の会長でいようと思っています。ただし、渉外係はしようと思います。外に対しての説明やら何やらの役割を演じたい。倉山さんのすることとは、これまでもずっと尊敬してきています。ああこれはちょっと、と思ったことが一つもありません。とはいえ彼は今、やはり若過ぎて、結構いろいろなところで摩擦を起こしています。それを少しでも、私のところで解消したいというか和らげたい。ここはかなり正直なところです。

倉山　なんと宮脇先生には用心棒をやっていただいているという（笑）。

宮脇　いやいや。まあ、そういうような形です。

第四章　それぞれの昭和十二年観

通州事件と幕府山事件――藤岡信勝

座談会に登場する『天皇さまが泣いてござった』の佐々木テンさんの昭和十二年七月二十九日に起きた通州事件の目撃証言と、会津若松歩兵第六十五連隊の幕府山事件の話を関連させて述べていきたいと思います。佐々木テンさんは、支那人の夫の肩越しに凶行の現場を数箇所も目撃していました。

通州はもともと非常に親日的で、日本人も現地の人も仲よくやっていた地域です。むしろ北京から移り住む日本人すらいたほど親日で有名でした。通州には、殷汝耕《いんじょこう》という中華民国の政治家がトップを務める地方政権がありました。この政権は蔣介石の南京政府から距離を置いた自治政府でした。日本とは非常にいい関係で、日本の陸軍将校が保安隊の顧問という形でいるという関係を保っていた地域です。

ところがだんだん、最初は朝鮮人が、続いて中国人が強烈に日本の悪口を言い始めます。佐々木テンさんは中国語をしゃべれるようになっていました。夫から、絶対に日本人であることがばれてはいけない、どんなことがあるかわからない、と厳重に注意されていました。佐々木テンさんは中国人として暮らしていましたが、だんだん空気が悪くなってくる。そこで、日本の兵隊さんに対して手紙を書きます。こういうふうな非常に危ないことが起きているので注意してくださいね、ということを細かく書いて投げ文をするのですが、日本兵士からは全く反応がありません。佐々木テンさんは、日本兵士に警戒心がないこと、忠告も全く届かないということを非常に心配します。そして、七月二十九日に残虐な事件を目撃する結果となります。

中国人の凶行を目撃した佐々木テンさんは、自分は日本人であり、夫は支那人であるということから、どうしてもやはりこれは一緒にいるわけにいかないと決断し、昭和十五年に離婚して日本に帰ってきます。佐々木テンさんの耳朶には、事件の犠牲者の一人である老婆が「かたきを討ってほしい」と言い、「南無阿弥陀仏」と言って亡くなった、その念仏の声がずっと残っていました。佐々木テンさんは大分県別府の西本願寺の別院に通うようになり、そこで『天皇さまが泣いてござった』の著者である調《しらべ》寛《かん》雅《が》さんに出会います。

私は佐々木テンさんの証言記録を読み、本当に底辺の庶民ということになると思うのですが、当時の日本の庶民の、一つ一つの出来事に対する感じ方、感受性、そしてやはり日本人ということに対する愛着を感じました。庶民の感覚の本当のところが感じ取れましたし、また、ご自身は教育はないかもしれないけれども、佐々木テンさんは本来、優れた言語能力を持った人ではなかったかということを感じました。

もう一つ、会津若松歩兵第六十五連隊の話は南京事件に関わります。南京事件は、一連の論争で、いわゆる城内で何万人、などといった話にはもうほとんど決着がついておりますが、唯一、残ったテーマがあります。昭和十二年の十二月十六日から十七日にかけて起こった幕府山事件です。南京城に揚子江が接近し、城壁との間に細く狭まったところがあり、その近くの小高い山を幕府山といいます。幕府山はちょっとした軍事拠点になっていました。日本軍がその幕府山を占領しますが、その時大量の支那兵に遭遇するのです。事件の中心になったのは会津若松から急遽召集されて上海事変に動員された部隊でした。

部隊の年齢構成は三十代も多く、既に結婚している世代の人たちでした。そういう意味でなかなか運用も大変な部隊だったようですが、この部隊は上海で半数ほどが戦死してしまいます。三割失われれば全滅とされるのが普通でした。激戦にそれ以上の被害を受けながら、部隊は本当に疲れ果てて南京までたどり着き、そこで今度は幕府山を占拠せよという命令が出ます。

揚子江と南京城の間に一万数千人と言われていますが（数はオーバーです）、大量の支那兵が南京城から逃れてきていました。支那兵は投降するわけですが、それにつけても日本の部隊は多勢に無勢です。部隊の数倍の数の敵兵に対処しなければならないことになりました。部隊は支那兵たちに食事を出すために非常な奮闘をします。そうした中、しかし支那兵にいつ逆襲されるかわからないということで全員処断しろという指令が部隊に下りてきます。

会津若松の部隊は、支那兵たちを殺したくない。殺したくないので、揚子江の河原まで連れていき、そこから対岸に逃がしてやろうという計画を両角豊作という部隊の司令官が立て、実行しました。しかし支那兵にはもちろん、そんな計画はわからなかった。途中で暴動が起き、そのために支那兵を射殺するという事件が起こります。これが虐殺だとされているわけです。

この事件について、日本テレビが平成二十七年に深夜枠で都合二回にわたって放送しました。その一回目の放送の後に、私は、BSフジの夜八時からの討論番組に出る機会がありました。出演は、秦郁彦氏、山田朗氏、そして私です。南京事件に関して秦氏には、大虐殺派、中虐殺派、虐殺なかった派という三分法があり、その方法で言えば、山田氏は二十万と言っているので大虐殺派、秦氏は四万ですから中虐殺派、私は虐殺なかった派ということになります。完全に二対一の状態です。

私はゼロ、南京事件そのものが存在していないという立場です。拘束した支那兵の銃殺ということが河原であったことは事実です。そのこと自体を否定するということではなく、問題はやはり、それが戦時国際法から見て不法殺害になるかどうかということです。

幕府山事件が戦時国際法から見て虐殺にならないということは、いろいろな点から言うことができます。戦時国際法はある意味で非常に合理的にできています。個人が自衛権を持つ、生きる権利があるのと同じように、戦争中の部隊も個々に生きる権利があるという、生存権に当たるものが認められています。客観状況から言えば、たとえ武装解除したとしても、要するに敵兵の方が数が圧倒的に多かった。いつ逆襲されるかわからない。寛大な対処をとり、しかしそれを逆手に取られて民間人を装った便衣兵にやられたケースが既に幾つも生じていました。

会津若松の部隊の人たちは本当に殺したくなかった。殺されることは戦争の大変な悲劇ですが、人を殺すという体験も非常な悲劇です。会津若松の部隊の人たちは、国に帰ってからその苦しみをトラウマのように一生抱えながら生きてこられたということがあるわけです。

会津若松の部隊の人たちと、通州事件の支那兵たちのふるまいを比較してみることが重要です。殺人を最大の快楽として無辜の日本人に襲いかかってきたのが通州事件の支那兵です。捕虜を捕虜として扱う日本軍そのものが、いわば追い詰められて処断しなければいけなかったのが幕府山事件です。

これについては毛沢東も蔣介石も戦時国際法上の問題を問えないということで、一切問題にはしていません。他方、日本では戦後、会津若松の人たちに対する社会的なサポートも全くなかったと思いますし、さまざまな糾弾を受けながら生きてきたのだろうと思います。もちろん、当時の日本人が不必要な殺傷を行なったケースが全くなかったと断定することはさしひかえるべきです。例外はあるかもしれないけれども、しかし例えば幕府山事件のような事件を通じて見たとき、平均的日本兵は殺人それ自体を目的とするようなことはなかったといえます。

近代の日本人が中国大陸に出かけていって直面し続けたのは、全く日本人の想像を超えた異次元の凶暴な暴力でした。しかもそれを政治的に使うという、理解を超えた支那人の発想ではなかったかと思います。通州事件と幕府山事件という昭和十二年の二つの事件は、どちらも痛ましい事件であるにせよ、その様態やありようは、やはり非常に対照的だということを私は強く感じざるをえません。中国大陸の暴力をどのように歴史の中に位置づけたらいいのかということもまた、「昭和十二年学会」のひとつの研究テーマであろうと思います。

学術的検証の大切さ——倉山満

座談会では、明治四十年から昭和十二年までの大きな流れについてお話しましたが、ここでは逆に、昭和十二年より後の大きな問題意識を取り上げることで昭和十二年について述べたいと思います。

日本は昭和十二年以降、侵略と虐殺をやった悪い国だというのが戦後のいわゆる自虐史観です。歴史をよく知らない人でも多分そうなんだろうなと思っています。自虐史観を本気で、狂信的に信じている人は少数でしょう。圧倒的多数の日本人は何となく、よくわからないけど日本は悪いことをしたんだろうな、ぐらいに思っています。そして、これこそがまさに本当の、自虐史観が蔓延した状態です。

歴史学会というところに入ると、日本は侵略をやったのだ、虐殺をしたのだ、ということが日本の歴史学の大前提であることがわかります。一つ例を挙げると、この後に起こる昭和十九年、二十年の特攻隊などは犬死にである、と断じます。侵略、虐殺に加担しただけであり、しかも戦争に負けた、ということです。悪いことをやったうえに負けてしまった、したがって犬死にであるというのが歴史教育、歴史学の大前提です。

そういったことに対して、いわゆる左の歴史観に対して反発する者を右と言うならば、右は有効な反駁をしてこれたのか、しかもそれが学術的であったのかということに、私は実は疑問を持っています。特攻隊は侵略と虐殺に加担した犬死にであるという視点は、確かにかなり極端な評価でしょう。自分の国のために死んでくれた、まだ見ぬ未来の子孫のために死んでくれた人たちを犬死にだと言って罵り、感謝しないというのは、まともな国の人間がすることであろうかという国際常識からも疑問には思います。私は、絶対的に、特攻隊の人たちは偉いと思います。なぜならば、自分の命をまだ見ぬ未来の人たちのために捨ててくれたからです。そういった人たちのおかげで生きている人は絶対に彼らの悪口を言ってはならない。これは大前提です。

その大前提の上で考えます。特攻に行った人は尊いけれども、特攻に行かせた人間までも尊いのか。この視点が、実は左の自虐史観に反発する人たちの間に欠落していたのではないか。

左に反発するあまり、特攻隊はすばらしいのだ、犬死などと言うな、と叫んで言論封殺をし、犬死にをさせた人間の責任を一切追及しませんでした。であるがゆえに、問題も抽出しなかったし反省なんかするはずがないという視点で、私の『お役所仕事の大東亜戦争』は、最後の章を「お役所仕事の特攻隊」としました。

最大級に厳しい言葉遣いを選びましたが、主観を排して実証に徹すると、最後にそういう結論しか出てこない。

事実、特攻隊の歴史を見ると最後は「お役所仕事」です。何のために死にに行かせたかというと、お役所仕事で決まったことだからです。特攻隊は偉い。行った人は偉いが、しかし、行かせた人間までもがそんなに素晴らしいのか。むしろ、愚劣極まりない。これは片面の真実であるはずです。

人間の評価において、百点と零点というのは絶対に間違った二択です。一点から九九点の膨大な中間の中に正解があるのかもしれないと思って探すのが学問的態度であり、言論においてもそうだと思います。しかし、残念ながら今の日本では、学界にも言論界にも、百点か零点かの議論しかない。一番わかりやすいのが、安倍零点か安倍百点か、というものでしょう。保守と呼ばれる人たちは、安倍首相にケチをつけている人に対してケチをつけているだけです。そしてそれは、結局はもともと学界の体質がそうだから、そういう教育しか受けていないから、です。言論界が正しくなるわけはないので、では大もとの学問に踏み込んでみようというのが私の「昭和十二年学会」です。

昭和十二年をミクロで見ていきます。次のように、十一個の事件を並べました。十一個の事件が起こりきるまで、昭和十二年一月から十三年一月までかかります。

一月二十一日　腹切り問答。
一月二十九日　宇垣一成、陸軍の反対で大命拝辞
三月三十一日　食い逃げ解散。佐藤尚武外相更迭の端緒。
六月四日　近衛文麿内閣成立。
七月七日　盧溝橋事件。近衛首相、強硬論を連発。
七月十一日　華北への派兵を決定（逐次投入の最初）。
七月二十九日　通州事件。国内の強硬論が止まらず。
八月十三日　大山事件。海軍が最強硬論に。
十一月六日　日独伊防共協定。
十二月十三日　南京入城。かえって事変が泥沼化。
昭和十三年一月十六日　トラウトマン工作（開始は前年十一月二日から）、打ち切り。

この十一個の事件に共通しているのは、すべて正論が通らない、ということです。今から見

ると、何と愚かなことをやっているのだということばかりです。正論を言っている人は必ずいました、しかし、正論は必ず負けています。

正論が通らない原因を考えてみましょう。当時、二大政党はあまりにも腐敗と無能の限りを尽くし、極めて弱まっていました。まともな政治家がいません。世論は錯乱しています。五・一五事件で犬養毅を殺した人たちを熱狂的に支持している、つまりテロを賛美する狂った国民になっていました。そうであるがゆえに支那事変が起きたとき、朝日新聞が煽るのを国民は喜んだわけです。朝日新聞の悪口を言う人がいますが、では煽られて喜んだ人はどうなのか。政党は弱く、世論は錯乱している。軍が強いと言われたところで軍は政党に内閣はつくらせないけれども逆に軍が内閣をつくればもっと早く潰される。だからどこにも中心がありません。

議会も軍も、大蔵省も検察も、外務省までばらばらで、しかも軍の中では陸軍と海軍が分かれていて、その中でさらに派閥がある。まったくでたらめな状況です。陸軍などは派閥抗争で殺し合いまでやっていました。

誰もまとめる人がいない中、出てきてくれという期待はずっとあったにせよ、突如、という形で出てきたのが、満を持して登場した近衛文麿です。盧溝橋は近衛内閣ができた一カ月後に起こる事件です。

経済の話や外交の話まで言い出せば切りがないことになります。先に挙げた十一個の事件も、個別には幾らでも言えるのですが、共通しているのは、とにかく正論が通らないということです。そうした体質は今も続いていて、さらに悪化しているのではないかと思います。これはやはり、外に理由を求めるのではなく、日本人自身が反省すべきことです。

反省するためにはまず事実を学術的に検証しなければいけない。そういった問題視点はあるのですが、さりながら、日本人自身が反省しなければいけないということと、なぜ外国からそれを言われなければいけないのかということとは全然別の問題です。通州事件で日本人がやられたこと、そして、幕府山事件で日本が図らずも起こしてしまったこととを比べてみましょう。ここにあるのは、今に至る話ではありますけれども、人を殺してはならないという価値観が通じる国と、それが通じない国との対立です。私は実は、人類の思想は大きくこの二つに分けることができると考えています。そういった視点で今の東アジアの周辺を見てみます。日本は間違いなく、人は殺してはならない、ましてやむごたらしく殺してはならないという価値観が通じる国です。それに対して、中国は、ロシアは、北朝鮮は、と並べると、明らかにそれが通じない国々です。アメリカは、何だかんだ言っても通じる国です。戦争以外で人をむやみに殺すことはしない国です。戦後には、何だかんだと言ってもアメリカはそういう国になりました。

そこで最後に問題なのは、台湾はどうなのかということです。今の台湾は人を殺さないという価値観が通じる国かもしれないけれども、当時の台湾は中華民国でした。そういった問題も含め、過去に昭和十二年というものがあったところから現代まで視野に入れ、マクロな視点でミクロなことを研究しなければならない。私は昭和十二年をそのように位置づけています。

満洲とモンゴルから見た日本の昭和十二年──宮脇淳子

日本史は私の専門ではありません。私の昭和十二年は、満洲とモンゴルという日本の外からの視点です。満洲は、昭和六年（一九三一年）の満洲事変によって昭和七年（一九三二年）に建国された満洲国、昭和九年（一九三四年）には、執政溥儀《ふぎ》が皇帝になったので満洲帝国と名前を変えますが、昭和十二年の盧溝橋事件までは大変うまく統治されていました。というよりも、日本が満洲開発を本気で行なうまでは、アメリカ合衆国の西部のような、住民も少なく、原野も多く残る未開の地でした。二十世紀に入ってから清朝政府が漢人の移住を解禁し、そのあとロシア、続いて日本によって開拓が進められたのです。もちろん日露戦争の後、日本はロシアからゆずり受けた南満洲の鉄道経営からスタートして大きな投資を行ないました。明治三十九年（一九〇六年）に満鉄（南満洲鉄道株式会社）が設立されたときの総資本金は二億円で、初代総裁・後藤新平はのちにロンドンで社債を発行し、さらに二億円を調達しました。スタート時の合計四億円は、当時の日本の国家予算と同額です。このあとも、南満洲に満鉄を経由して多額

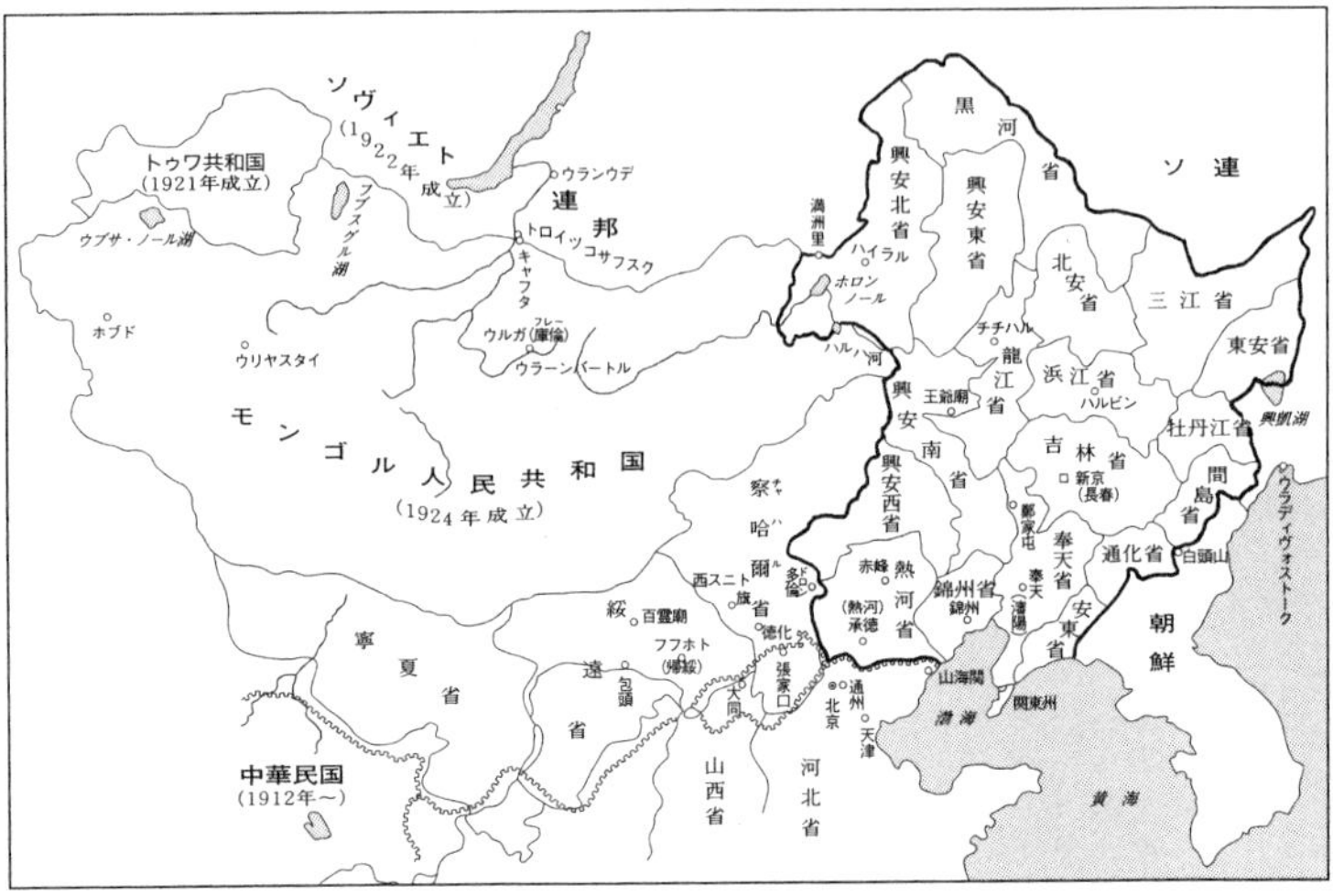

満洲国（1932-34）から満洲帝国（1934-45）時代

満洲国は当時の世界約60カ国の3分の1、20カ国が承認。モンゴル人民共和国はソ連のみ承認（宮脇淳子『モンゴルの歴史』刀水書房）

の投資をし続けました。結局、その日本の投資を守るために満洲事変を起こし、結果的に独立国というか中華民国とは別の国をつくってしまいます。それでも、中華民国と条約を結ぶという政治努力があり、通関協定までもっていきます。

一九一七年にロシア革命が起こり、一九一九年三月に世界同時革命を目指すコミンテルン（共産主義政党による国際組織、第三インターナショナル）が結成されると、共産主義者の運動が世界各地で盛んになりますから、それに対しての目配りも非常に重要になりました。満洲は現地ですから必死です。熱河事件は昭和八年（一九三三年）ですけれども、あの事件も、結局は熱河が張学良の巣窟であったことから、これをほっておいては満洲の安全保障にかかわる問題であるとされて起こりました。結局日本軍は熱河を取ってしまいます。熱河を取ってしまったということは、北京から見たら、もうすぐそこまで日本が来ているということです。もちろん、満洲国を建国したということは、ソ連から見ても日本がすぐそこにいるということです。あちらからすれば、日本が張り出してきて非常に危ないというか、怖いという状況です。しかし日本の歴史資料を見る限り、日本側はそのことを、普通の日本人も軍人もあまりにも意識していないという気がするのです。

日本としては、その時代に応じてそれなりに筋を通して行動したつもりです。相手に対しても筋を通して対処した、問題を解決してきたはずです。自分たちにとって最良の対処を一つずつしていったつもりで、結果として起こったことは仕方がなかったとする。確かに日本から見れば一つずつに原因があり、それぞれに仕方がなかった、やむを得なかったということで、一つずつの歴史事件は意味を持っていく。しかし、それがソ連から見てどう見えるかとか、中華民国から見てどう見えるかということを、当時の日本の軍人も政治家も全然考えていないような気がします。

実際には、熱河は非常に微妙な立場の場所でした。もともと清朝の離宮があったところですし、熱河省の実質的な支配者だった軍閥の湯玉麟《とうぎょくりん》は、最初満洲国に賛同していたのに、裏切るというかどっちつかずになるというか、満洲国建国会議に現れず逃げてしまいました。それで熱河をどうするかという話になる。溥儀はもちろん欲しがっているし、熱河は張作霖《ちょうさくりん》と張学《ちょうがく》良《りょう》の地盤でもあるから、日本にとっても熱河をそのまま置いておくと安全保障上まずいというので、ついには熱河作戦を敢行して世界中を敵に回し、国際連盟脱退に及ぶという順番になりました。

　軍人から見たら熱河作戦には、あそこを押さえないと駄目だという安全保障上の意味があるわけです。そして熱河を取る。そうすると結果的には北京に近づいてしまい、今度は敵の側、共産主義者や抗日派は、日本がここまで来たということで、たくさんの策略を練り実行するようになる。問題解決をしたつもりが、次の問題が生まれるわけです。そういった過去に積み重なったできごとが一気に噴出するのが一九三七年、つまり昭和十二年であるということは明らかです。

　昭和十二年に向かって、向こうは着々と工作していました。通州事件にしても、とにかく現地には反日派や共産主義者が入り込んでいたことはもちろんで、その頃には、中国最初のナショナリズムである一九一九年の五・四運動のあと反日教育を受けた子供たちがちょうど大人になっていて、事件の中心となるわけです。中国では反日教育が行き届いていて、ほら日本軍がいるじゃないか、あいつらは侵略者だ、ということになっている。目の前に日本軍がいるじゃないか、北京にも日本軍がいるじゃないか、ということです。

一九七二年の日中国交「正常化」のあと、留学生をはじめ多くの中国人が日本にやってきました。その中には工作員もいたし、共産党幹部の子息・息女もいました。私は彼らが日本に対して文句を言うのを聞き、また、それに対して議論をしたこともあります。彼らは「なんで北京に日本軍がいたのですか。それは侵略でしょう」と言う。こちらが「北京に日本軍が駐留していた理由は邦人保護です。条約で決められていたでしょう」と言っても、そういうことはすべて飛ばして「でも北京に日本軍がいたことが悪いのよ」という言い方をする。中国に日本軍がいたのだから、ぶつかって当然だというのが、中国側から見た歴史です。

日本人は自分たちの見方で歴史の筋道を追い、いつだって間違ったことはしていません、対処するためにやむを得ずこういうことをしました、つまり日本は法に則ってちゃんとしました、と言います。しかし、向こうからどう見えているか、つまりソ連がどんなに日本を敵視し恐怖していたかとか、日露戦争の恨みを本当に晴らしたいと思っていたとか、そういう角度で論説している人はあまりいません。もちろん、正論が通らないのは問題であるにしても、日本は向こうの立場からものを見るということを本当にしていないなというのが私の印象です。

モンゴルに関して言えば、日本は昭和十二年に徳王の政府をつくってしまった。支那事変の後です。徳王はモンゴル人の生活と文化を守るために日本と組みました。徳王が暮らしていたモンゴル草原は熱河の隣です。だからこれは熱河作戦の続きになります。このあとも日本は傀儡の冀東《きとう》政権を立て、北京まで安全地帯にすることを考えました。日本側は、とにかく自分たちの権益の保全と安全のためにできることをいっぱいしました。親日派の中国人を使って勢力範囲を拡大していったわけです。

何が問題だったのでしょうか。いつも私は講演で言うのですが、日本は常に日本的な価値観と日本的な見方で物事を行ないました。日本では、県境を越えたらそれは向こうの領分、境よりこちらは我々だと考えます。自国民は自分たちがちゃんとチェックします、外国人はそちらの国がチェックするべきでしょうと、ものすごくきちんと黒白をつけて動いてきました。長い日本の歴史上、国境は海でしたから、日本人にとってはそれが当たり前です。日本側の政治の上層部は、そちらの責任はそちらで取ってください、我々は自国民を守り、自分たちの責任は自分で取りますという条約をどんどん結んでいく。

ところが中国人は、何も守りません。日本と中国のトップ同士、軍人同士がちゃんと条約を結び、これはここでやめますとか何とか言っても、その下が一切守ってくれない。支那事変まで、そういう話に満ちています。大将は駄目だと言ったが部下が日本人を殺したとか、こんなこと、あんなことが、どんどん出てくるわけです。中国側は条約を全然守ってくれない。そこで日本人は激怒する。その繰り返しが起こり続けます。

それはもちろん文化の違いです。さかのぼれば、明治四十三年（一九一〇年）の日韓併合から始まっていることだと思います。韓国を日本として軍事的に守り、韓国人に日本人としての教育を受けさせる。いろいろなことをきちんと守る、法律を守る人にしましょう、といった教育を一所懸命に考えるわけです。でも、日本人の思うようにはいかない。日本人だったら通る命令、日本人だったら決まることが決まらない。全然無理で、日本の考えたような安全保障にならなかったのです。韓国人、朝鮮人は満洲にもいっぱいいましたし、その上、日韓併合後さらに俺は日本人だと言ってどんどん出ていきもする。彼らは、俺は日本人なんだから日本に守ってくれと言い、そして日本の警察が出動する。これをずるずると繰り返しました。

満鮮・満蒙という言い方を、今の日本人は、そんなことを言うからおかしかったんだとして日本を悪者にします。満鮮研究、満蒙研究は保守反動であり、人民の敵なのです。私が朝鮮史の話をし、ついでに満洲の話をすると、「ここは朝鮮史の授業でしょう。何で満洲の話が入るのか」みたいなことを言うのが今の日本人です。今また、当時何も知らずに大陸に出て行って現地の事情に直面してびっくりする前の日本人の意識に戻ってしまっている。当時、現地の人たちにとっては、国境は勝手に上が決めたものだ、条約は勝手に上が決めたものだ、だったのです。中国人や朝鮮人に国境線は全く関係がない。そのことを、日本人は知らなかった、軍人も知らなかった。現地の状況と現地の事件に対処しながらずるずると出ていったわけです。出ていってみれば、朝鮮人が張学良政権にいじめられている。あれは日本人だ、日本人を守れ、という意見をマスコミが煽る。現地に住む日本人も日本に帰ってきては、こんなことをされた、あんなことをされたと触れ回る。日本人の多くが現地の紛争を知って、けしからんと思っていたから、関東軍が満洲事変を起こしたときに、関東軍の味方になったわけです。

満洲を押さえたからこれで安全だと思ったら、全然安全ではなかった。満洲は陸続きです。錦州から熱河から、行き来の時点で工作される。あそこは危ない、あそこを押さえておかないと満洲の平和が守れないというので熱河まで出ていきます。熱河まで出ていって満洲国ができたけれども、熱河と北京まではもう目と鼻の先。もう幾らでも工作が入ってきます。やはり親日政権を北京につくらなければいけないという順番で、親日派に北京を押さえさせる。

実際にその当時の記録を見ているとわかるのですが、もうこのときには中国人になっていた北支つまり北京にいる支那人と、南京、広東にいる中国人は全然違います。北京の中国人は満洲国を見ています。日本とうまくやって商売を盛んにしたい、もっと日本を呼び込みたい、日本の会社はどんどん来てくれ、なのです。支那事変直前まで、そういった調子です。ところが南の中国人は日本とは全く無関係、無縁です。しかも延安を拠点にした毛沢東の共産主義や何やらの工作がすっかり浸透している。そういった人たちは、とにかく日本は侵略国家だ、日本人は出ていけ、です。北支に対しても何に対してもその調子で、それでまず、親日中国人が暗殺される。二十年、三十年とその地に住んでいた日本人が路上で殺されるとか、そんな事件が支那事変の前、昭和十二年にどんどん積み重なっていきます。実際には昭和十二年だけではなく、もっと前から始まったことですが、とにかく現地の非情と治安悪化により、現地の不安は高まり続けます。日本国内ではそれをマスコミが宣伝し、日本中に知れ渡り、何とかしろ、ということになりました。

これらはもちろん条約違反です。しかも現地中国の警察、軍隊は口先ばかりでちっとも治安維持をしてくれない。だから、仕方がなかった、ということが最後に出てくるわけです。現地の軍人たちはそれでも何とか平和に仲よくしていこうと考えていたかもしれませんが、共産主義者とコミンテルンには、日本と中華民国に戦争をさせたいというはっきりとした意図がありました。したがってテロばかりが起こるようになる。

そういう時代背景を今、日本では何も教えられていません。とにかく他人の国に軍隊を入れた日本が悪いという結論です。どうして軍隊がそこにいたのかという理由はまったく語られません。当時の中国政府に治安維持能力があればその必要はなかったわけですが、しかし、これは過去のできごとだと片付けてしまっていいものでしょうか。現在の中華人民共和国に何か起こったときに、果たして中国政府は日本人を守ってくれるでしょうか。

満洲では、このとき日産財閥が満業（満洲重工業開発株式会社）と社名を変えて入っていき、ますます経済発展します。ここから後、さらに満洲に移住する中国人が増える。支那事変の後もどんどん増えます。どうしたらよかったのか私に言うことはできませんが、少なくとも、現地の邦人を守るために軍人はせいいっぱいの努力をした。最終的には結局盧溝橋事件が起こるにせよ、蔣介石も日本と戦争をしたくなかったのです。現地の軍人は、実はもうちょっとのところで一応おさめて、平和裏に、お互いに戦争しないで何とかしたいという努力が途中まであった、というのは本当のことです。停戦協定はその表れのひとつですが、でも、盧溝橋を何とか乗り切ったとしても、第二、第三、第四の盧溝橋事件は起きたでしょう。共産主義者が確信犯的に全地域でテロを展開していましたから、いずれは結局巻き込まれたはずです。日本との和平を主張する要人は殺害してもいいといったコミンテルンの指導も、今は全部表に出ています。

我々はせめて何があったのかくらいは知っておかなければいけない、というのが私の気持ちです。知らないで騒ぐのはよくない。どうすればよかったかという結論は持っていませんが、これからも、日本と日本以外の国、中国大陸はいずれにしても文化的に違う、背景が違うということは変わりません。支那事変はなぜ起こったのか、どういうことがあったのかということは史実として出していきたいと思います。

第五章　大陸と日本の歴史検証

日清戦争で大陸の暴力に直面した

藤岡　支那大陸の暴力的な面、無秩序状態というものが何であるか、日本人は江戸時代まで知らなかったと私は思います。明治時代に入ってからもしばらくはわからなかった。

宮脇　初めて遭遇するのは日清戦争でしょう。

藤岡　そうです。大量の日本人が、軍事行動であれ商売のためであれ、まとまった数で中国大陸に足を踏み入れたのは日清戦争からなんですね。日清戦争で初めて経験したのは、敵に拘束された日本人の兵士はどんなにむごたらしい殺され方をするかということです。愕然とした。日本人の想像を絶した中国大陸の暴力との最初の遭遇です。そこから実は戦陣訓が出てくる。死して虜囚の辱めを受けるなかれ、というのは、つまり捕まったらどういう扱いを受けるかということを言っているわけです。

例えば「満蒙問題」と言うでしょう。抽象的でよくわからない用語ですが、結局何を指すかと言えば、満洲、蒙古で日本人が殺される、あるいは暴力に遭遇するという話です。そういうことを知る機会は今の教育体系の中でほとんどないわけですけれども、メディアにちょっとだけ露呈したことがあります。稲田朋美氏が自民党政調会長だった時代に何度かフジテレビの『報道2001』という番組に出演されていて、その中のある回を私は見ていました。番組スタッフが満洲に関する特ダネを見つけたという話になった。満洲の日本の警察のかなり高い地位にある、いわば特権階級の立場にある家族の話です。豊かな生活をしていて、カラー映画で家族の行楽などが撮影されて残っていた。お嬢さんがスケートで滑るシーンとか、楽しい家族の団らんの様子が映っています。ですが、奇妙なことに、この家族の子供たちはハイヤーで学校の行き帰りをしていました。今の我々は、それほどに金持ちだったのかとすぐに思う。そうではなく、ハイヤーで行かないと途中で襲われるということなのです。実際に、登校の途中、殺されて木に吊るされた日本人の小学生を見たことがあるという話がちらっと出た。番組ではそれ以上話題になりませんでしたが、地上波でこういったことが出るのは非常に珍しいなと私は思いました。そういうことが日常茶飯事だったということを、我々は実感としてわからない。

日本が大陸に行って遭遇したのは、コミンテルンの共産主義の思想、暴力を肯定する思想と結びついた、支那の伝統的な暴力です。ある時期から日本人がターゲットにされ、徹底的にやられた。日本はこれに対して対処できませんでした。外交にしても何にしても日本人は絶えず、相手を同じ日本人のように見立て、こちらが誠意を持ってやればわかってくれるという対処をしていました。結局ずるずると足をとられていく。そういう流れだったと私は思います。

通州事件の後、日本は何をしたかということを問題として設定しましょう。当時、世論は怒っていましたが、日本は実は通州事件の直後、昭和天皇のお声がかりで徹底した譲歩案を出すのです。北支の親日政権を全部解消する。満洲国の正統性だけは認めてもらう。匪賊に関しては取り締まる。船津工作と呼ばれますが、蔣介石の言うことを百パーセント飲むような内容で、絶対に成立するだろうと見込まれていました。それを潰すために、昭和十二年八月九日に上海で大山事件が起こるわけです。船津工作の内容を見る限り、そこまで譲歩するのかという内容です。中国大陸に引きずり込まれるならば、必ずそうなる以外になかったということではないかと思います。コミンテルンの戦略を見抜いて、これはこういうことだなと気づいていた人は、当時の日本の指導者の中にいたのでしょうか。

大日本帝国の愚かさを客観的に見る

倉山　結論に行く前にまず、「昭和十二年学会」ではそういう問題意識をどうするかという話を、既存の学会ではどういうふうになっているかということからしなければいけないと思います。事実を見ると大日本帝国は滅んでいるし、ミクロに見ても愚かなことが連続しています。愚か、事実に基づいて評価すれば、そうとしか言いようがないということです。ただ、既存の学会はそこに道徳を持ちこむのです。

大前提として、悪い国といっても、道徳的な悪と合理的な悪というのは全く違う。利口か愚かかというのと、正しいか間違っているかというのは、全く次元が違います。ところが、歴史学の多くの人がこれを混同します。実証主義と称して、混ぜてやっている人がほとんど全てです。イデオロギーと関係のない客観中立な実証主義を名乗っていながら、実は全く逆なことをやっています。顕著な例を挙げると、外国の悪口は言ってはいけないが、日本の悪口は言ってもいい。あるいは、「ヴェノナ文書」のようなソ連の陰謀を記した一次史料が公開されても、絶対に認めない。「ヴェノナを使うものは陰謀論」のレッテル張りをして終了で、そこに学術的態度は一切ない。そういうことをする人が「日本軍の陰謀」をこれでもかと著作で書き連ねている。ここまでくると、完全にパロディーです。

そしてこれはあまり言われないことなのですが、さらに恐ろしいのは、日本の当時の要路者が愚かなことをやっているのは必然だとして因果関係を説明する、ということです。いろいろな人がそれぞれ個々に、研究者ごとによって因果関係をつけていくのですが、結論は決まって、日本がこんな愚かなことをやっているのは必然なんだ、ということです。

たまに、どうしたらよかったかと考える人がいるだけです。

ほとんどは戦後の研究に移って、昭和十二年どころか、いま学会で戦前研究をやっている近代史の研究者は急速に減っています。だから質が下がる。

例えば日清戦争はどうやったら避けられたか、日露戦争はどうやったら避けられたか。彼らは、日本が先に殴っているから日本の侵略だとは言いだします。しかし、少しでもマトモな国際法をかじったら言えないような恥ずかしいことを言っている。そういう基礎的な隣接学問の知識なしに歴史を語るから、日本近代史家はまともな歴史を語れないのです。国際法抜きに戦争を語るなど、ルールを知らずにスポーツを論評するようなものです。だから私は、せめてこれくらい知っておいてほしいと、国際法の本を二冊書きました。『国際法で読み解く世界史の真実』と『国際法で読み解く戦後史の真実』（いずれもPHP新書　二〇一六―一七年）です。

話をチャイナに戻すと、日清戦争に関して、広い意味を含めてチャイニーズがいる清国の、そのチャイニーズの暴力性という問題は一切言いません。歴史学が人文科学の手法で事実を明らかにし、民族性を明らかにし、政策を社会科学の方法論で提示する。地政学をもってすれば、また政策学をもってすれば、どうすればよかったのか。また、本当にそれができたのか。それは、「昭和十二年学会」でそれぞれの方法論で検証するしかないと思います。

そこでここからは、藤岡先生の御質問への答えになります。予見可能性というのは大事だと思います。今の目で見てこれをやっていれば正しかった、であれば後知恵になってしまいます。では当時、それを考えていた人はいるのか。考えを実行できる状況にあったのか。憲法とか権限だけを見ていると、それはできるのです。総理大臣が利口だったらできるのです。利口な人が総理大臣になり、いろいろな人をまとめられる環境というものはありました。

まさに近衛文麿が、そういう期待を担って登場した総理大臣です。しかし、結果は真逆の人でした。これも既存の学会に言わせれば、必然です。ただ他の人が使っていない崩し字の一次史料を持ってきて事実を並べて、近衛のやったことを必然として描く。言ってしまえば、「軍部という強大な勢力がいて、日本は中国への侵略を強めていく」というストーリーの中で、「近衛が何をした、陸軍が何をした」と羅列するだけです。歴史って、そんな単純なものなのか。

話は変わりますが、私の著作の中にたびたび登場する、石井菊次郎という人がいます。石井菊次郎は昭和十二年の年末にロンドンに飛び、イギリスのチェンバレン首相に会っています。今の世界の歴史観では、チャーチルはヒトラーをやっつけた人、チェンバレンはヒトラー融和政策をやった人、と一刀両断の評価をされています。そのチェンバレンを評価すると歴史修正主義者と言われる、すごく恐ろしいことになっています。日本の歴史学界が自虐的だと言われて事実その通りなのですが、国際的にも日本悪玉論だからです。理由は簡単、ナチスと手を組んだ敗戦国だからです。外国の学界でも一九三七年の日本を評価するなどタブーです。

かつて、イギリスの歴史家A・J・P・テイラーなど、チャーチルに疑問を呈してチェンバレンを再評価しただけで歴史修正主義者、もはや親ナチのレッテル張りをされるような状況がヨーロッパでもあります。チェンバレンがヒトラーだけではなくスターリンに対しても警戒していたのは間違いのないことです。

もうちょっと後の昭和十五年に行くと、実は、松岡洋右はわかっていました。わかっていたけれども、やり方がアクロバティック過ぎて、国内をまとめられなかった。

藤岡　松岡洋右は確かにわかっていましたね。

宮脇　話はかわりますが、日清戦争のとき、旅順虐殺事件というものがあったことにされてしまったということがありました。

藤岡　あれこそ南京事件の捏造のモデルとなった事件です。

宮脇　旅順で日本人がむちゃくちゃ虐殺したという嘘を、アメリカのジャーナリストが書きまくったんですね。そのときはアメリカの駐日公使エドウィン・ダンと陸奥宗光外相との間にいろいろなやりとりがあり、あっという間に収束しました。にもかかわらず、旅順でこのように日本人が無辜《むこ》の民を虐殺したという言い分が、文章ごと南京事件において使われている。

藤岡　言い回しなど、テキスト自体を焼き直して使っているわけです。

倉山　いわゆるテンプレです。数字と固有名詞を入れ替えたら、「旅順ナントカ」も「南京ナントカ」も同じです。

藤岡　前にも言いましたが、通州事件の写真を南京事件の写真として使っているという例もあります。

宮脇　当時の新聞などを見ると、いかに中国人がアジテーションがうまく、宣伝がうまいかということがわかります。それは、日本人も知っていることなのですが、対抗する手段を持ちませんでした。

藤岡　先に引用したカール・カワカミ。日本人ですがアメリカで何十冊も英語の本を書き、ジャーナリストとして活躍した人です。彼の本の中に次のようなことが書かれています。例えば義和団の乱で外交官が襲われる。各国の軍隊が出動するのだけれども、日本以外の全ての軍隊は掠奪を行なう。日本の軍隊だけは掠奪を行なわないということを日本人は素晴らしいことだと誇りに思い、また、良識ある世界からは評価されもする。しかし支那人はこれをどう見るか。日本人は駄目だと見る。臆病者で軽蔑に値すると見る。日本人からすれば、想像が及ばないことです。私もまたこれを読んでぎょっとしました。自分は何もわかっていなかったな、ということです。掠奪できないほど日本軍のあいつらは弱く意気地なしで駄目な連中なんだと支那人は考えるわけです。

倉山　なめられているのです。

藤岡　異文化理解というか、支那人の行動様式、どういう世界の中で支那人が生きているかということが結局日本人には想像できない。カール・カワカミは、支那人がそうなった原因について、北方の遊牧騎馬民族が定期的に襲ってきてやられた暴力行為の中で育ったものだという言い方をしているのですが、これまた大問題であろうと私は思います。はたしてそういうことが言えるのかどうか。

何千年もの間、まわりは敵だらけ

宮脇 北方遊牧民のせいだけではないですね。だって福建省の農民たちが台湾に入植したあと、械闘《かいとう》という、村同士の地域間闘争をずっとやっている。あれはみんな南方の人たちです。結局、中国史自体に問題があるというのが岡田英弘がずっと言ってきたことです。どこが日本と違うのか。漢人は古来、違う土地から入植してくるので、隣の村は全く言葉が通じません。同じ村の中の人間だけ、しかも、血縁関係のある一族しか信用ができない。もう少し広げても、信用できるのは結婚関係のある同盟家族だけ。それが中国の、長い何千年もの歴史です。言葉の通じない奴は異民族である。漢字のわからない奴は敵である。敵だらけの中で生き延びなければいけない。

藤岡 「妻も敵なり」ということですね。

宮脇 生き延びるためには、戦って相手を抹殺し殲滅するのが普通という世界です。これが最も極端なのが朝鮮半島でしょう。支那、中国にはまだ逃げる場所があるんです。朝鮮半島には逃げる場所はありません。例えば自分たちのお墓をつくるために他の一族の墓を全部壊して捨てます。場所が狭いのでわけるものがなく、殺し合いをするしかないのです。極端に言えばそういうことになる。半島の北から人種も違う人たちがどんどん入ってきて、混ざらないままに格差が広がっていきます。違う一族に対してはもう上か下かということしかなく、未だにそれが続いているわけです。そういう人たちから見たら日本人はどんな人たちでしょうか。脅せば言うことを聞く。何か突きつければ金を出す。もうカモネギだという、そういう目でしか日本人を見ていない。

日本は敗戦後、大陸から引き揚げなければいけないことになりました。満洲から逃げてきた日本人は、襲われたのはなぜだと考えました。あんなにひどい目に遭ったというのは、自分たちは一体どれほど悪いことをしたんだろう、どんなに現地の人の恨みを買っていたんだろうと、みんなそういうふうに思ったわけです。けれどもこれは、恨みを買う買わないの問題ではありません。彼らは、弱い奴はいくらでも襲う。そういう精神状態にあるのだということを日本人は最後までわからなかった。そして今でもわかりません。あんなにひどい目に遭ったのは、その前にそれだけの悪いことをしたからだろうと日本人は思う。何も悪いことをしなくても弱いだけでやられる、弱いからやられるというのがあちらの歴史です。

日清、日露の問題意識を検証する

倉山　よくわかってないからよくわからないことをやってなめられた、という観点を別の視点からお話してみたいと思います。支那事変のときには、まさにそれで泥沼になってしまうわけです。では逆に、うまくいっていた時期というのはあったのか。近代史では二人挙げられます。大久保利通と伊藤博文です。

大久保利通に至っては、こっちの方が力が弱いのに乗り込んでいって、李鴻章と有利な交渉で話をまとめてくる力がありました。大久保と伊藤の共通点は、向こうは聞き分けがないんだから、力でなめられては駄目だから、「鉄・金・紙」の全てを徹底的にぶつけるというところです。軍事力もちらつかせる。国民全体で働いて必死に国防費をひねり出す。そうした国力を背景に、大久保や伊藤は敵地に乗り込んで、堂々と日本の立場を主張する。本当は清の方が国力が強いはずなのに、日本と事を構えるのを恐れて兵を引く。大久保や伊藤の気迫に、台湾からも朝鮮からも引きました。とにかく一歩も引かない力を見せつけなきゃ駄目だという姿勢でやっていました。なめられない！　大久保と伊藤は、わかっていました。

義和団の乱のとき、日本軍が虐殺しないのにはもちろん日本人の文化性もあります。

もう一つ、条約改正の必要があったのであそこで虐殺はできないのです。そして模範的な文明国として振舞いました。これで大日本帝国が滅びなければ、ここで問題にしているような「チャイニーズになめられたから後の侮日になった」という事実など、忘れられていたでしょう。日本は強いだけではなく、立派な国だった、と評価されるだけです。ところが、今の日本は大日本帝国ではない。チャイニーズになめられてしまったという事実は厳然とある。そうなると、英仏のように掠奪の限りをしてチャイニーズになめられないようにすべきだったのではないか、という視点は検証する必要がある。これはチャイニーズに対して暴虐を働けと主張しているのではなく、当時の人々がそういう問題意識を持っていたことを学問的に検証すべきであるという意味です。むしろ、今までの学界がやってきた「日本人のチャイニーズに対する悪逆非道」を抉り出すという視点の方がよほど非学術的で、政治的偏向ですから。

さて、大局的な話に戻します。日清戦争敗北後の清国は、もはやアクターではなくシアターと化していました。日本はアクターのロシアに日露戦争で勝って、決着をつけました。ここまではうまくいっているのです。ところが、その後がいけない。

では、うまくいかなくなったのはいつかという問題意識から、私は明治四十年から始めました。国家経営の何たるかをわかっているはずの伊藤博文と山縣有朋、元老筆頭の二人が本気で喧嘩を始めて誰も止められなくなる。そして昭和十二年につながる。

うまくいっていたときはうまくいっていたけれども、わかっている人同士が喧嘩を始めて止められなくなり、伊藤と山縣の喧嘩から二世代後が昭和十二年です。その伊藤、山縣からどんどん劣化していった。大日本帝国はそれでも滅びない。それぐらいに強いはずなんですけれども、では一体なぜそこまで愚かになったのかということは、やはり虚心坦懐に研究しなければいけない。今の歴史学者はただ事実を並べ、こんなことをやるのは愚かだと馬鹿にするか、こういうことをやるのは全て必然だと言うかのどちらかです。

宮脇　だからやっぱり百パーセントは駄目ですよね。そういう割り切りは駄目。

倉山　いくらでもやりようがあったじゃないかという視点は、間違っても持ち込めないんです。それを持ち込んだ瞬間、「おまえは倉山満か」と学会で言われます。なれるもんならなってみろと言いたい（笑）。ちなみに、私が学生の時は、「お前は井沢元彦になりたいのか？」と言われたものでしたが。

それはさておき、地政学に基づいて「どうすれば日本は生き残れたか」「中華民国にとって合理的な選択は何だったか」は、十二分に学問的検証の価値があるはずです。

いかに強くあるかが問題

宮脇 教訓にしないといけないのは、やはりアジアでは強くないと駄目なんだということです。金にしても、軍隊にしても、強くて何もしないのが正しい。なめられてはいけない。日本は今、すっかりなめられています。

倉山 かろうじて経済だけですね。

宮脇 ただ一つだけ残った経済はもっと強くなるべきです。

藤岡 北海道に今、一千万人道民計画というのがあるのだそうです。北海道の現在の人口が五百万で、五百万人の外国人を入れると言っている。外国人と言ったって実際はほとんどがチャイニーズです。そんなことをしたら、絶対に第二の通州事件が起きます。もっと比率が低くても起こるはずです。チャイニーズはコミュニティをつくりますからね。本当に歴史を知らない愚かな人たちが馬鹿げた計画を立てている。私はやはり通州事件をちゃんと知ってほしいと思います。私の故郷は北海道です。中国人による北海道の土地の爆買いは実際にものすごい勢いで進行していて、本当に心配です。

宮脇 反日教育をしていなければいいのですけれどもね。江沢民時代からの反日教育が今どうなっているのか。昭和十二年の時点も、蔣介石の反日教育が結局共産党に上手に使われたのです。一九二八年に南京国民政府主席となった蔣介石の、ライバルの軍閥に勝つためのみかけだけ強硬な反日教育が、結局、通州事件やなんかにつながる。

藤岡　要するに、お墨つきを与えられているわけです。

宮脇　支那事変も結局そうで、共産主義者が乗っ取ったわけですけれども、今回の北海道の件も、江沢民の反日教育がちょうど効いてくる頃ということになりますか。

藤岡　江沢民の反日教育が始まったのは一九九四年です。愛国主義教育実施要項の発表からですね。

宮脇　そうすると、その教育を受けた人たちはもう大人だ。日本にやって来て、日本の文化を実際に知って、自分たちの受けた教育は嘘だったと思ってくれればいいんだけど。

藤岡　しかし、また改めてネジを巻いてやるわけですから。

宮脇　中国人は政府の言うことを鵜呑みにはしませんから、成功するとは思いませんけれども。反日が自分たちの得になるなら、本心とは関係なく反日になるという人たちです。しかし実際に今、日本中、もうありとあらゆるところに若い中国人がものすごく増えているのは確かです。これはやはり中国に大きな問題があり、逃げてきている人が増えているということでしょう。

藤岡　ですから、日本政府が進めている移民政策は、本当に大変なことになる気がするのです。

倉山　自分の体験談を絶対化するのはよくないと思うんですけど、ある意味、中国人ぐらい扱いやすい人はいなくて。

宮脇　力があればいいわけです。

倉山　一度自分が強いところを見せたら、絶対に下がらない。日本人でそんなことを考えている人はいません。例えば自分の経験談としてあげますが、国士舘大学の21世紀アジア学部で一番いばっているのはチャイニーズで、次がコリアン。他の国の留学生は隅っこの方にいる。チャイニーズやコリアンは当たりがきついので、先生たちが甘やかすんです。

藤岡　トランプ大統領が、アメリカに来る中国人留学生は全員スパイだと思う、と言いました。今、東京大学には、中国から来た現役の留学生が二千人います。

宮脇　中国人学生は議論をいっぱい吹っかけてくる。逃げるとおしまい。これはもう個人も国も同じですね。こちらの方が正々堂々と、本当に強い態度をしていれば済むことです。なのに、中途半端な平和主義だのを持ち出したり、中途半端に忖度するのが一番まずい。

倉山　日中友好とか国際親善とか。

宮脇　はっきり言ってそういう人たちが今、中国で捕まっているでしょう。

倉山　かの国士舘の先生がそうなんだから、移民五百万人とか入れたら、北海道民に対抗できるわけがないんですよ。

宮脇　個人的には無理ですね。これまでは国が守ってきたけれども、今では個人が自分で自衛する時代になってしまった。

倉山　フィンランドなんて、ソ連の衛星国にされて「フィンランデーション」などと馬鹿にされながらも、耐えきりました。支えたのは、愛国心です。それに仲間割れをしたら皆殺しにされると全員がわかっていたから耐えられたのではないかと思います。教育も大きい。

宮脇　日本人に、それができるでしょうか。

倉山　絶対無理ですよね。国士舘の先生でさえそれですから、もう入れた瞬間に終わりでしょう。外国人の〝扱い方〟がわかっていない。

藤岡　中国の排日運動を扱った本が、現在、どの位出ているかをグーグルで検索してみました。「排日」というキーワードを入れると、沢山の本がでてきますが、ほとんどが、アメリカの排日の本などです。中国のがちょっとだけあったと思ったら、西尾幹二先生の本だったりする。これだけ沢山の本が出版されているのに、中国の排日運動と正面から本格的に取り組んだ研究書も新書版すらも、ただの一冊もない。これはいくらなんでも異常です。

昭和七年二月に陸軍省調査班が出した「全支排日運動の根源と其史的観察」という史料があ

ります。その中で、「今日では彼等の排外は積極的攻勢に出ているのであるから、日本の譲歩は徒に彼等に望蜀の念を強からしむるに止り決して排日防止の効果はない」（二ページ）という注目すべき分析があります。排日運動を日本政府がどのように分析しどのように対処してきたか、という本格的な研究をどなたかにやってほしいです。

それから、この調査班の報告著には巻末に付録として、大正十四年六月から昭和六年十月までの「支那の対日不法行為一覧」という表がついています。五十ページにわたり、七一三件の事件が列挙されています。私は、基礎的作業として、日清戦争から昭和二十一年までの、完璧な一覧表を作成する仕事に取り組んでほしいと希望しています。

倉山　学界の関心は戦後に移ったと言われて、久しく戦前の研究は主流ではなくなっているようです。やりつくしたと思っているようです。しかし、本当はこれからが研究の本番でしょう。大日本帝国だけでなく、ソ連も滅びました。新史料が多く公開されています。新史料が出てきたからこそ、今まで公開されていた史料で読み落とされていた部分も拾っていただければと思います。

第六章　つながりを語る

藤岡信勝——宮脇淳子という関係

藤岡　平成二十三年、二〇一一年に『真実の中国史［一八四〇―一九四九］』（ビジネス社）という本を宮脇先生が出されました。どういうわけかわかりませんが、雑誌『正論』から、私に書評せよという依頼が回ってきました。拝読しまして、もう非常に面白い。かなり大胆な語り下ろしで、目から鱗のご本だったんです。

この中で繰り返しお書きになっている大きな、また基本的な問題提起は、中国の近代史はいつから始まるかということです。中国では一八四〇年のアヘン戦争からとなっているけれどもそれは間違いで、実は一八九四―九五年の日清戦争からである。日清戦争で負けたことから中国の近代化は始まる。アヘン戦争の時点では、清朝の感覚は、南の方で西洋人が来てちょこちょことトラブルを起こした、という程度であって、全く危機意識を持っていない。そこから近代化が始まったというのは要するに大間違いであって、嘘の歴史である。そして、この歴史を捏造したのは毛沢東である。こういう命題が何カ所か出てきます。

私は宮脇先生にお電話をしました。毛沢東はどこでそれを書いてるんですか、とお聞きしたわけなんです。まことに意外な答えが返ってきました。宮脇先生は、「私は毛沢東の本なんか気分が悪いから読みたくない。読んでません」とおっしゃった。「読んでなくてどうしてわかるんですか」と聞くと、「いや、前後関係から見ると毛沢東に違いない」ということなのです。ええっ、と思いまして、私は大学の図書館で『毛沢東選集』を引っ張り出して調べました。そうしましたら、確かにあったのです。

一九二九年十二月発刊の『中国革命と中国共産党』という文献があります。この中に、「中国人民の民国革命闘争は一八四〇年のアヘン戦争から数えて既に丸百年の歴史を持ち、一九一一年の辛亥革命から考えてももう三十年の歴史を持っている」という記述がある。ここでは私の持っている国民文庫版を参照していますが、『中国革命と中国共産党』は共産党員のための学習用教科書として毛沢東が直々に関与して書いたものと解説されています。つまり毛沢東は、中国を覚醒させる端緒となった日本の役割を消すためにイギリスを選び、アヘン戦争に負けたところから中国人が覚醒したという歴史の捏造を行なった、ということになって、まさに宮脇先生のおっしゃる通りなんです。

本当に私はぶったまげるというか、すごいなと思いました。読まなくてもわかる。論理演算的にそうである以外はあり得ない。ものの見事にその通りでした。毛沢東の本なんて大体誰か部下の御祐筆が書くわけです。『矛盾論』や『実践論』だって、毛沢東が書いているわけではない。

宮脇　そうです。王明とか、そういった人が書くわけですね。

藤岡　そういえば『矛盾論』、『実践論』は一九三七年つまり昭和十二年の著作のはずです。

宮脇　「昭和十二年学会」でも、そのうち誰かに何かやってもらうことにしましょう。

藤岡　しかし例の『中国革命と中国共産党』については、「これは特別に毛沢東が自ら手を入れて書いた文献である」という注記が添えてあるんです。だから、心して読めと。

倉山　つまり、他は自分で書いていないと自白している。

藤岡　毛沢東が直接関与してつくった論文であるという意味のことが注釈され、それだけ重視されているものに、宮脇先生のご指摘がちゃんと書かれていた。これは大変なことだなということで、私は本当に勉強させていただいたと思っています。

私は今、教科書を書いていますが、そのこと、つまり中国の近代化の端緒は日本にあるということを何とか教科書の中でわからせるようにできないかと思って、ずっと考えている最中です。具体的な物がなければいけません。それで思いついたのが、明治維新から日本人が苦心してつくった明治の翻訳語です。ヨーロッパの用語の翻訳ですね。「革命」も「国民」も「民主主義」もそうだし、そういうものが日清戦争のあとに全部中国語に入っていった。以前に宮脇先生からその言葉のリストをいただいた記憶があります。

宮脇　本当の抜粋版ですね。雑誌『歴史通』二〇一二年七月号（ワック）に出したものです。

藤岡　それを使わせていただこうかなと思っています。そうすれば、日本と中国の関係が歴然とわかるのではないかと最近ひらめきました。

宮脇　戦後、日本の近現代史や中国史を研究している人たちは、あちらで刊行されたものを翻訳したり、現代中国つまり中華人民共和国の教科書や歴史書を参考にして書くわけです。『真実の中国史』を書くことになったので、私としてはしようがないから、嫌々ながら、日本語になった概説書をだいたい読みました。すると、アヘン戦争から近代が始まったことになっているということが、もう歴然なんですね。戦前の日本の支那通史と比較してみた場合、戦後のある時点からそうなっているということがはっきりわかるんです。だから毛沢東以外にないではないですか。中華人民共和国の歴史を書いた人なんだから。演繹すればそうにしかならない。すみません、そういう仕事をしていて。

藤岡　随分確信を持って、何度も書いていらっしゃいます。

宮脇　そうですよ。もう一つは、私は東洋史研究者なので、東洋史と清朝史をずっと研究してきましたし、いろいろな学者の書いた論文も読んでいるわけです。だから、アヘン戦争前後のことは詳しいですよ。当時は中国もないし、中国人もいません。アヘン戦争の後も、イギリスのことは「英夷」と呼んでいました。つまり、イギリス人は英という名前の野蛮人だった。しかもイギリスとフランスについては、アヘン戦争が終結して結ばれた一八四二年の南京条約

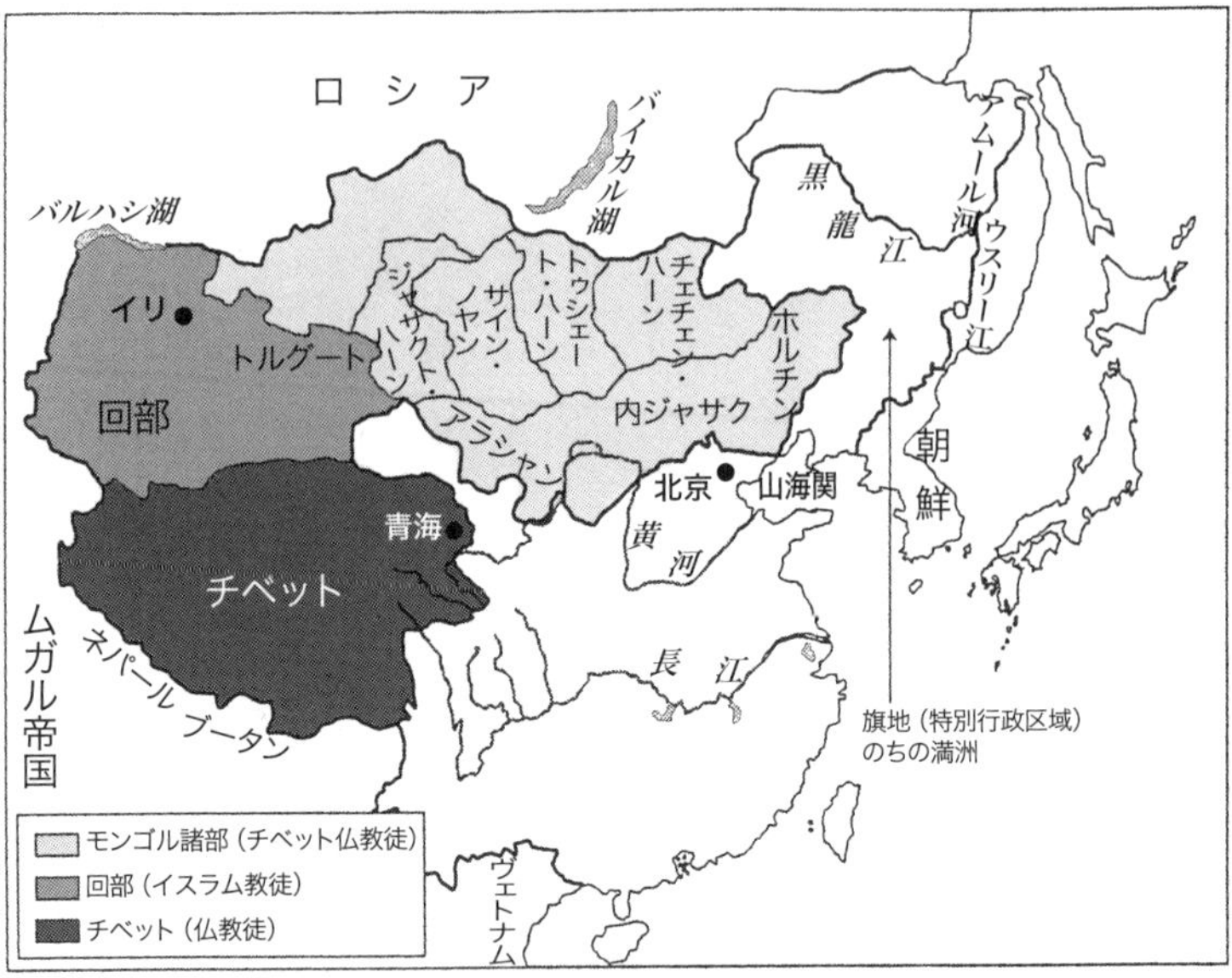

清の最大版図（1757年に達成）。清は五大種族の同君連合帝国
（『清朝とは何か』藤原書店）

のあとも、理藩院という、チベット、モンゴル、新疆担当の役所が担当しているんです。だからアヘン戦争では何も変わっていない。

藤岡　要するに南蛮的な扱いそのままになっているわけですね。

宮脇　そうです。しかも清朝の政体も何ら変わっていない。南方の方で野蛮人が、貿易したい、清朝の物が欲しいといって大砲を撃ち込んだ。これはもうロシア以上の野蛮人だということです。昔のモンゴル遊牧民が野蛮だったのと同じだという意識です。清朝はアヘン戦争では一切変わっておらず、香港割譲も、首都の北京から遙かに遠い僻地で、あんなに意味もない農作物もとれないような湿地帯はくれてやるということです。清朝史を読んでいると、香港から北京は遠いから、そんなに迷惑もかからんぞ、というのがありありなんですね。近代化など一切始まっていないということを私は東洋史の方で知っていました。

もちろん岡田英弘も書いています。日清戦争の後、清国留学生が日本に多数来るようになってからようやく近代化が始まる。イギリスに負けてもショックはなかったが、日本に負けたショックは非常に大きかった。あんな東夷の野蛮人、しかも支那文明の端っこの奴らに負けたということ。そういった要因が幾つも重なっていることを私はずっと知っていました。『毛沢東選集』なんかは、読んでも本当のことが書いてあるとは思えないし、嘘やスローガンはあまり読みたくないわけです。

私が京都大学に入学したのは昭和四十七年（一九七二年）です。日中国交「正常化」の年なんです。「正常化」にはカギを付けます。なぜなら、この言葉自体が、中華民国との国交は不正常だというスローガンだし、中華人民共和国は一九四九年に成立した国だから、本当は日中国交樹立だからです。ところで、そのことは東洋史の先生たちには何ら影響なく、誰も噂すらせず、それがどうだとか聞いたこともなく、こんなの無関係だという態度でした。何年たっても、現代中国の話すらしなかったし、誰も中国留学などしなかった時代です。そういうことの経験知で私はずっと来ているので、毛沢東の件は、私にとっては当たり前の話でした。藤岡先生が本当に真面目にお調べになったと聞いて、しかも「えっ、あったの、すごい」と却って思って、私もそのとき驚愕しました。と同時に、ものすごく尊敬しました。こういうことに、本当に人間性がそのまま出ていらっしゃる。

――やっぱり歴史学者としての、確かめなければ気が済まないという気質でしょうか。

藤岡　いや、私は歴史学者ではなく教育研究者なのです。

宮脇　私は毛沢東が本当に書いているとは思わなかったのです。本当のことは書かないのがあの人たちですから。書いているのは信用できないことばかりで、書いていないことに意味があるというのが岡田史学です。全体を眺め、何が落ちているか、何をするのをやめたか、そういったことを見ろと岡田は言っていました。例えば天安門のひな壇に並んでいる人たちの中で、次の年に誰が落ちているかということにこそ意味があるということです。

藤岡　スターリンもそうです。スターリン反対派のトロツキーなどが写真から消されていきます。アラン・ジョベール（村上光彦訳）『歴史写真のトリック』（一九八九年）というフランス人の書いた写真集があります。すばらしい本ですが、出版社は何と、朝日新聞社です。

宮脇　正史には書いていないことに意味があるんですね。フォーマットにないことは抜かれるわけですが、抜かした方にこそ意味があるという教育ばかり私は受けているので。モンゴル語と満洲語ができると、中国語ではない史料には書いてあるけれども、中国の史料には書いていないということがはっきりとわかります。毛沢東が、まさかそんな本当のことを書き残しているとは思いませんでしたが、それもすごいことです。だから毛沢東というのは、これまでのシナの歴史の中ではやはりちょっと異質の人間ですね。別人格と言いますか、中国人として生まれた中の、ものすごく変わった人であるということは言えます。歴史の中に当てはまらない。それは本当に妖怪と言ってもいいかもしれません。

——相当な策略家ということですね。

藤岡　大変なものです。

宮脇　毛沢東ですっかり変わったということは確かですね。『真実の中国史』は、おかげでとても評判がよくて、九刷まで版を重ねたあと二〇一八年にPHP文庫になり、台湾で翻訳も出ました。この本では一九三七年についてはあまり書いていませんけれども。

倉山　一九四九年までは一応やっていますよね。

宮脇　やっていますけど、論述の対象は満洲国で、支那事変という戦争については書いていないんです。戦争自体については、事件なので。どちらかというと時間の流れを重んじる、背景を重んじるという歴史学を私は研究してきましたので、そうなっています。「昭和十二年学会」のように事件を取り上げていくと切りがないので、そこはあまり熱心に書いていません。これから勉強してつけ加えようというところです。

藤岡　宮脇中国史というか、世界史という流れの中で昭和十二年までぜひカバーしていただいて、その完結版を読みたいなと思いますね。

宮脇　『真実の中国史』を刊行したときも、一九四九年からあとも書いてほしいという熱心な依頼が出版社からあったんです。でも、一九四九年から書くためには、一九一一年の辛亥革命からというよりは、共産主義を書かなければいけない。共産党の歴史をスタートから書かなければいけないことになります。

これはまた、ぜんぜん別の仕事です。なぜなら現在も続いている中華人民共和国から、本当のことが出てくるはずがない。国が続いているんですからね。国がなくなった段階で、もしかしたら少しは真実が出てくるかもしれないけれども、とりあえずは出てこない真実は書きようがありません。それで保留していて、いつかもしチャンスがあればということになっています。もちろんウオッチは続けています。例えばアヘン戦争と日清戦争の比較のような、そういうネタがあればまた違う切り口で書けますが、今のところまだ確信を持って言える段階にない。あちらの歴史自体、まだ進行形です。隠していることが多すぎます。

藤岡信勝──倉山満という関係

藤岡　倉山さんの本は面白く、かつ裏づけがちゃんとあるのでいつも勉強させてもらっています。『お役所仕事の大東亜戦争』は非常に独特の構成で、第一次西園寺内閣から最後が鈴木貫太郎内閣。もう終戦まで、内閣別に主要な国家指導者の人物像を書き込みながら、大東亜戦争をずっとたどっている。こういう本を私は見たことがありませんでした。何の誰べえという名前は出てきても、どんな人だったのかという人物評までは出てこない。書き手の歴史家や専門家は自分なりの人物像や人物評価を持っていらっしゃるんでしょうけれど、それはなかなか書かないわけです。ところが倉山さんは人物評をあけすけに書いてくださっている。初めて、例えば内田康哉という人はこういう人だったのかということがわかる。

宮脇　よくもそんなことがわかるなというのが、私の感想です。

藤岡　これ、どうしてわかるんですか。人柄とか、癇癪持ちだとか、やれ、何だとか。

倉山　癇癪持ちは吉田茂とか。

宮脇　だから、よくそこまでわかるなと。

倉山　いやいや、史料に書いてあることを言っているだけですよ。

宮脇　書いてあるんだ。

倉山　だって、書いてないことを言っちゃいけないじゃないですか。

宮脇　そうですよ。

藤岡　それは、誰かの評なのでしょうか。

倉山　一次史料と二次史料、両方を見ていると出てくるんです。一次史料って、つまらない中に時々ご褒美があるんです。二次史料って、史料等級は低いんですけど、面白い。全体像がわかるんです。両方見ていないと駄目ですね。

宮脇　そのバランスを間違うと、ものすごいデマになってしまうわけでしょう。

倉山　それこそ今の学界は、何か誰も使っていない崩し字の一次史料を持ってきて、日記の紹介で何とか本にするとかそんなのばかりです。それは学問ではなく、読書感想文です。

宮脇　倉山さんは大東亜戦争時代だけでなく、現代に至るまでそれをやるのでものすごく嫌われているのです。日本の指導者たちについて、あまりにも全部そうやってあけすけに評価しちゃうんで、生意気扱いされてます（笑）。

倉山　でも、昭和六年の協力内閣運動とか憲政の常道を理解するためには、伊藤博文から安倍晋三までわかっていなければ、そこはそれ、位置づけられんだろうというだけなんですよ。自分の専門など本当は狭いのですけど、そこを理解するためには膨大な前提知識が必要なはずです。

宮脇　それで全ての首相を全員、一人ずつまな板に上げているというところが、みんなの反感を買ってます（笑）。

倉山　学界の反感はこんなもんじゃないですよね。言論界だから、まだこれで済んでいますけれども。

宮脇　倉山さんは、ものすごくしっかりと、自分というものがある。

倉山　通史がやりたくてこの仕事を選んだものですから。『検証　財務省の近現代史――政治との闘い一五〇年を読む』（光文社　二〇一二年）のような仕事ですね。

藤岡　『財務省の近現代史』は本当にいい本ですよ。

倉山　ありがとうございます。

宮脇　いい本でした。でも、敵を増やしました（笑）。

藤岡　もし倉山さんの本を一冊だけ推薦するとすれば、私は『財務省の近現代史』ですね。新書版ですけれども、専門書に匹敵するボリュームと独創的な内容を含んでいます。

宮脇　いや、それはどんどん敵が増えるわ（笑）。

藤岡　『財務省の近現代史』については、こういう解釈でもいいですか。一九五五年体制とはどの時期に言われたかというと、一九九〇年代初めの、いわゆる政治改革が呼号された時代に言われました。五五年体制とは何か。二大政党と言われながら実は一カ二分の一政党で、自民党が圧倒的に強い中、社会党は三分の一の議席をとっておきたい。そうすれば憲法改正を阻止できる。そういうバランスの中で、野党が抵抗してごねる。国会はストップし、そのたびにアンダー・ザ・テーブルで、自民党からすれば国会対策費を使い、金を渡しながら野党を懐柔して、なあなあ、まあまあでやってきた。それが五五年体制であると、ざっと言えばそんな感じですよね。

倉山 そうです。

藤岡 それが、実は「五五年体制」という言い方は間違いである。一九五五年に、自民党は憲法改正を立党の精神として掲げて保守合同したではないか。そして岸内閣で安保改正をやった。その後の池田内閣から日本はおかしくなったという議論があります。これは亡くなった文芸評論家の遠藤浩一先生なども提起されていて、そうであれば問題は「一九六〇年体制」だというふうにおっしゃっていた。要するに、自民党が本当にだめになったのは一九六〇年の池田内閣からである。

宮脇 所得倍増の池田内閣ですね。

藤岡 池田内閣は経済で国民の機嫌を取り、安保防衛問題は放棄したという通念が一つあります。しかし実証的に財務省のお金の出し方を見ると、池田内閣は表ではそういう顔を見せながら、実際には非常にきちんとした財政支出を自衛隊に対して行なっている。従って通念的な池田内閣の評価は間違いだということを、倉山さんは実証してくださったと私は思います。『財務省の近現代史』は、非常に実証的な史料に基づいて一つの結論を出した、すばらしい研究です。そういう解釈でいいですか。

倉山　ありがとうございます。本当はその後の佐藤内閣以降がひどいわけです。

藤岡　池田内閣ではなく、それ以降が問題であるということですね。

倉山　はい。『財務省の近現代史』では、池田の評価にかなりの量を割きました。専門でも何でもないんですけど（苦笑）。

本当の私の専門は狭いので、だからこそ全体像を知らなければなりません。例えば満洲事変のことを語るのに、中国やアメリカ、イギリスのことをこれぐらいは知らないと語れないだろうということがあります。「ブルガリア方式」という言葉が出てくる。すると、バルカン半島のことをわかっていなければ、何を日本が間違えたかがわからないはずです。ところがそれは専門ではないからということで排除するという風潮があり、そこでもう変人扱いされてしまう。私は歴史学会で、何でおまえハプスブルク帝国の本なんか読んでるの、馬鹿じゃないの、みたいな言われ方を本当にされていました。

そもそも歴史学など、特に憲政史なんかをやっていて世の中の何の役に立つの、などと言われているところで、さらに歴史学会の中で、専門以外のことをやっていて何ごとだ、などと二重に文句を言われている。でも私は、もちろん自分がやっていることが間違っているとは思っていませんでした。自分の専門が狭いがゆえに、その専門の前提は可能な限り幅広く置かれなければいけない。専門の前提のところの全体像をわかっていなければ、専門の全体像などわかるはずがない。そういう意識でやっています。

藤岡 日本の文科系学界へのいわば切り込み役というのは、倉山さん以外、他には誰もいないというぐらいこの仕事は適任でしょうね。

倉山 そう言っていただければ本望です。しかし本当に学界では、近現代史シリーズみたいな通史はやらせてくれません。

宮脇 おまえ、何十年早いとかね。偉くならないと通史は任せてもらえないのが学界です。

――倉山さんの『お役所仕事の大東亜戦争』を拝見していたところ、「第一次世界大戦とシベリア出兵」という項目があります。藤原書店から『〈決定版〉正伝　後藤新平』全八巻（藤原書店）を出していますが、後藤新平の孫である社会学の鶴見和子、哲学の鶴見俊輔の二人は、後藤新平の唯一の失敗はシベリア出兵だということを常々言っていたのです。

後藤新平の正伝は昭和十三年、一九三八年に出来ました。後藤が一九二九年に亡くなりましてから、新渡戸稲造以下が後藤新平伝記編纂委員会というものを用意し、約十年かけてつくったわけです。私どもの『〈決定版〉正伝　後藤新平』の序文は、鶴見和子に書いて戴きました。鶴見和子は何度か改稿してきたのですが、最終的に、こういうふうに書き直して戴きました。「外相であった一九一八年、シベリア出兵を唱えて実現している。当時の時代状況において、なぜ後藤はシベリア出兵論を唱えねばならなかったのか、その是非の判断をいま下すことは私にはできない」と、このぐらいのところまでで止めてもらったのです。

『お役所仕事の大東亜戦争』の八二ページ、寺内内閣のところで倉山さんは見事に書いておられます。シベリア出兵は、本当は名前自体が間違いである。正しくはロシア革命干渉戦争極東戦線と言うべきである。まさに本当にそう思います。

このことは、外交史家の細谷千博氏の世代はきちんと認識されていました。だから細谷千博氏の『シベリア出兵の史的研究』（一九五五年　有斐閣から初刊）という本を読めば、鶴見和子や俊輔のこういう認識、つまりシベリア出兵は後藤新平がやったなどという認識が出てくるはずはないのです。シベリア出兵一つとっても、倉山さんは見事な認識をしておられると思います。

シベリア出兵の問題は、倉山さんも書いておられますけれども、いつまでとどまっていたのかが問題です。問題は寺内内閣にある。アメリカやイギリスはさっと引くのだけれども、日本だけが居残ってしまった。確かに後藤が外相のときに日本はシベリアに入るわけだけれども、すぐに彼は外相を辞めます。シベリアから引くときにはもちろんすでに外相ではない。この部分だけを拝見するだけでも、ちゃんと押さえておられるなと思いました。

倉山　先行研究の整理ということなんですよね。細谷さんの後の原暉之さんのような、極東ロシアの専門家でたいへん立派な本を書いているシベリア研究者ですら、シベリア出兵はロシア革命干渉戦争であるという認識で書いてはいなかったりします。日本史の史料だけを一所懸命に読んでいると、それを書いた人がそもそも当時の人が何をやっているかわかっていないところで、それに引きずられてしまうのです。一次史料だけを読んでいても駄目で、基本的な当時の世界情勢の認識がないとわかるわけがないんです。

宮脇　日本の学界の縦割りがやはり問題です。自分以外の人の専門を侵さないようにするために、他人の書いたものを読まない。読んだら気になるからです。口を出したくなるということを前もって抑える。本当は忖度なんですが、そういうことしているから学問が進展しないし、本当のことがわからなくなり、さらにどんどんわからなくなっていくということです。

——多くの人は先行研究をきちんと見ていないということですか。

倉山　保守業界でも一次史料を持ってきて、これが正解だ、という人はいっぱいいます。しかし、今までどういうことが言われてきたのか、例えば一九五〇年に岩波書店が『昭和史』を出版し、それがどういうふうに流れていったのか。そういった先行研究の整理をしない、つまり自分と他人と何が違うかを証明しないので、コントリビューションがわからないわけです。違いがないわけではなく、それについては自らが証明しなければいけない、ということです。こういう点で、私は保守の歴史活動の大半には批判的です。

宮脇　自分の研究にどういう意義があるかは、自分で言わないといけない。私は、ミクロとマクロということをしょっちゅう言っていますけれども、ミクロの研究は自分しかわからない研究です。それが全体の中の、どの場所に来るかを言うためには、周りを知っていないといけないし、全体を知っていないといけない。

先行研究は日本語で読めるものがまず一番にあって、外国語のものはその後です。それすらしないということは問題で、学界動向というのは、若い時にやはり一番目にするべき仕事なんですね。自分がこの研究をしたいと思ったら、それこそ明治以来の読めるものは全部整理してしまう。何が足りないとか、ここがわかっていないとか、途中でこんな史料が出てきたからここはできそうだとか、そういうふうに入っていく、学問の基礎みたいなものを最近大学では教えていないんです。

倉山　私は勝手にやっていましたよ。

宮脇　そういうことを本当は、一回生つまり一年生のときに教えてスタートさせなければいけない。

倉山　「回顧と展望」を読むのは、歴史学者の基本ですからね。

宮脇　私も、もう何十年分も読んでいます。しんどい仕事で、自分が試されます。ちゃんとした大学は「回顧と展望」を、初心者というよりも、研究論文を初めて一本出したぐらいの人に書かせる。その年の「回顧と展望」を書くためには、何十年も前はどうだったか順番に毎年の分を読み、それで今年はこうだという知見が必要になります。何十年分を読むときの大変さといったらない。「回顧と展望」そのものを読むだけではなく、関係した論文もついでに読まなければいけなくなるわけです。

読んだ論文が正しいかどうかはわかりません。しかし、それによって、面白い論文を見つけることができるわけです。たった数十枚の「回顧と展望」を書くために半年ぐらい、必死になって全体を見るということがスタートで、それからようやく自分の研究に入る。

藤岡　厚い、「回顧と展望」を合本したものがあるでしょう。何かのときには使えますね。

宮脇　でも、最近のものはあんまり役立ちそうにない。何かしようがないのね。

倉山　大学院生のバイトですから。私は、歴史学界では、あいつは学者じゃないのに、という立場なのですが、憲法学界では学者、憲法学者なんです。というのは、私は「回顧と展望」に載ったことがありません。憲法学界には准教授以上の人が書く「学会回顧」というものがあるんです。先行研究の整理を今、歴史学、特に日本史の人がいかに疎かにしているかということです。

宮脇　岡田英弘も「回顧と展望」を何回か書いています。

——私どもで岡田先生の著作集を全八巻で出していますが、最後の第八巻は学会報告で先生が自ら筆にしておられる。こういうものはやっぱりすごい。歴史として残ります。

宮脇　岡田英弘がすごいのは、いろいろな言葉を理解しているということです。自分が出席した国際学会はすべて詳細な報告を書きました。外国人の研究発表も重要なものは内容を要約して載せています。『岡田英弘著作集』には「回顧と展望」も幾つか入っています。やはり若いときにやっているんですね。

藤岡　岡田先生の『歴史とはなにか』（文春新書）は本当に素晴らしいですね。著作集の第一巻に収録されていますけれども。歴史の四条件については、よくあのことをお考えになったものだなと思います。本当に感心する。特に時間の問題ですね。直進する時間の観念。確かにらせん形だったり、ぐにゃぐにゃ循環したりしていれば、それは歴史にならない。

宮脇　岡田は「回顧と展望」を五回やっていますね。満洲、モンゴルばかりですけれども。

――『岡田英弘著作集』は着実に版を重ねています。著作集では滅多にないことです。

倉山　目の肥えた読者が増えてきている。

――やはり真実を知りたいということでしょう。

倉山　その通りですね。

宮脇淳子――倉山満という関係

宮脇　倉山満さんと私は、もともとは二〇〇五年から二〇一二年まで私が非常勤講師を務めていた、国士舘大学21世紀アジア学部の非常勤講師仲間でした。初めて知り合ったころは倉山さんは三十代になったばかり、文字通り新進気鋭の若い研究者で、まだ著書も一つもありませんでしたが、何にでも一家言あり、毎週、非常勤講師控室で四方山話をするのが楽しみでした。私の夫の岡田英弘の著書も、私の本も、当時入手できるものはほとんど読んでくれていて、専門は大日本帝国憲法と日本近代史でありながら、シナ史にも軍事史にも詳しく、話が面白くて、いつも感心させられました。

倉山さんはその後、あれよあれよというううちに時代の寵児になり、出す本はすべてベストセラーになるばかりか、インターネット動画でも大活躍になりました。そして、自分が主宰する研究会やネット動画に出演するようにと、ひんぱんに私を誘ってくれました。倉山さんは私の研究を本当によく理解してくれているので、貴方が聞き手になってくれるならと、ほとんどお断りもせず、私もおつき合いをして今日に至っています。

私がビジネス社から二〇一三年に刊行した『真実の満洲史』（二〇一八年に『日本人が知らない

満洲国の真実』という題名で扶桑社新書に入る）は、倉山さんが質問者になってくれたおかげで形にすることができました。日本の政治に疎い私には疑問点がいろいろあり、言い切る自信が持てなかった部分を、倉山さんにずいぶん助けてもらいました。これが成功したので、次には、シナ大陸からの視点と日本列島からの視点で、朝鮮半島の歴史を語るという試みで対談した共著『真実の朝鮮史』（ビジネス社）が刊行されました。この本は、今年二〇一八年に『残念すぎる朝鮮一三〇〇年史』として祥伝社新書になりました。

倉山さんは、たいへんな勉強家で、日本史にも西洋史にも、近現代の世界史にもとても詳しいので、彼の書いた本は私にはとても役に立ちます。彼のおかげで、私も新しい分野を勉強する元気が出ました。主人の岡田英弘も倉山さんを気に入っていましたので、使わなくなったネクタイを何本だったたっけ？差し上げたこともあります。藤原書店の岡田英弘著作集が始まったときのシンポジウムにも登壇してもらいましたし、「岡田史学とは何か」の鼎談にも参加してもらっています。主人の晩年に私が落ち込んでいたときも、主人を見送ったあとも、いつも適切な助言をくれました。そういうわけで、倉山さんのことを私はたいへん信頼していますので、彼に薦められたこと、依頼されたことは、だいたい断らずにお引き受けしているようなわけです。

倉山　少しだけ補足します。私は修士論文が満洲事変ですから、中国やアジアのことを知らなければならないと考え、最初に手に取ったのが岡田先生のご著書でした。母校の中央大学の図書館にある岡田先生の本を全部借りてリュックサックにつめて持ち帰り、確か二週間くらいで読んだのが始まりです。中国とシナの使い分けなどから勉強しました。

当然、宮脇先生のお名前も知ることとなります。『世界史のなかの満洲帝国』（ＰＨＰ新書、二〇〇六年）が最初に読んだご著書です。二回目にお会いした時にサインしてもらいました。その中にレシートが入っていたのですが、数年前に買った時のでした。慌てて買ったのではありません（笑）。

あとは、すべて宮脇先生に解説していただきました。私が方々でバッシングされるたびに庇っていただいてます。不徳の致すところで（苦笑）。

そうそう。大事なことですが、ネクタイは三十四本いただきました。旅行かばんも形見と思って大事にしています。

第七章　本当のことを伝える

きちんとした因果関係をたどることの重要性

藤岡 「昭和十二年学会」を通じて、最終的には日本の国民の歴史に対する知識のレベルアップ、全体的な向上に寄与できればいいと私は思っています。

――本当にそうですね。嘘ばかりというのは言いすぎかもしれないけれども、何か戦前は真っ暗だとか、そういうイメージで我々は認識してきたから、何もわからないわけです。

宮脇 知らなければ、やはり駄目です。

藤岡 ＮＨＫに『映像でつづる昭和史』というシリーズ番組がありました。カラーで撮ったフィルムがたくさん残っている。戦前の時期の映像をつないだドキュメンタリーなのですが、カラーで見ると全然イメージが変わりますね。暗い谷間の昭和史のイメージというのはモノクロで、とにかく暗いイメージです。しかし色がついただけで全然違う。これは驚きました。

戦後の労働争議で、繊維会社の女工さんがスクラムを組んで歌を歌っているシーンがありました。カラーの映像で、その表情がとても明るい。これはものすごい国民的エネルギーだなと思いました。そういうエネルギーが戦後をつくってきたのでしょう。

カラーがついているかどうかで時代のイメージがガラッと違う。逆を言えば、操作しようと思えば幾らでも暗く描ける。

宮脇　近現代史は材料が多いので、選び方次第でどんなストーリーでもつくれるのです。岡田英弘が言っているように、歴史はストーリーです。ヒストリーはストーリー、ということ。過去をどのように解釈するかという物語です。つまり歴史学は解釈の学問です。

我々は、昔のものはそのまま絶対的真実などと言いますが、それは違う。切り取り方によって、いろいろな角度で見えるものです。古い時代であれば歴史資料は限られた数しかないので、ある程度範囲は決まりますが、近現代になればなるほど史料は山のように溢れている。

倉山　この世に存在する全部の史料を見ることはできない、が前提です。古代史や中世史との決定的な違いです。

宮脇　自分に都合のいいものだけをとんとんとつないだだけで、そういう過去だった、という見せ方ができます。

藤岡　何でも言えてしまうわけですね。

宮脇　歴史については本当に、人が何人かいれば、それだけの数の歴史がある、というような言い方になってしまう。自分史なんて言ってしまうと、もう本当に自分だけのものなわけですから。たくさんの人が共有する過去は、プロパガンダとして扱えば、そのように見えてしまいます。なるべく政治的主張の少ない史実をつなぎ、将来にわたって長い時間、生き残るような歴史を書くべきです。

もちろん歴史は解釈の学問なので、五十年経ったらまた違う解釈ができるかもしれませんし、結果から遡って違うものになるかもしれません。それでもできるだけきちんとした因果関係がわかる材料を残していけば、それはそのまま次の新しい歴史の土台になります。本当のことを書く土台になるわけです。歴史学者は、土台をきちんとつくるべきです。嘘のない、本当のことだけの土台をつくっておかないと、その次の解釈まで間違っていく。嘘に嘘を重ねることになって、どんどん真実から遠ざかって、砂上の楼閣になる。何も本当のことが書かれていない、ということになってしまいます。せめて本当のことが伝わるような残し方をしないといけないというのが「昭和十二年学会」の使命だと思います。

倉山 シベリア出兵で言うと、原敬のどの史料を持ってくるかで、彼はシベリア出兵をやりたかった人だったとも描けるし、彼はシベリア出兵を止めようとした人だったとも描けるんです。では、それぞれどういうふうに証明するか、といったところで一次史料を持ってくるだけの人ばかりだったのが今の学界です。他人がやっていることに関心を持たない人ばかりでした。この人はこう言っているけれども、こういう面がある、みたいなことを言わないといけない。

宮脇 やはり学者は、先人には敬意を持たなければいけないと思います。昔の人が言って最低限の作業だと思いますが、これをやる人がなかなかいない。やるとなると大変ですからね。

いたことはそれなりの理由があったのだから、それはもう時代が古くなって何の価値もないからその人たちも消してしまえ、という革命精神はいけません。学生運動のときには、古い人の言うことは何も聞く必要はないからと捨ててしまった。その後から間違うのです。

藤岡　新しいものだけに価値がある、古いものは捨てろ、打ち壊せ、という精神ですね。

――それは間違っています。

宮脇　『アジア歴史事典』（平凡社　昭和三十四―三十七年）という事典があります。今でも学界の最高峰です。戦後生き残った人たちが総力を挙げてつくった十冊の事典で、改訂版は、もちろん出ません。新しい史料は、戦後にいくつも出てきましたが、そのあと概説書が出るたびに改悪されるだけということになっています。つまり古いものをその中から捨ててしまっているためにです。

藤岡　あれは縦書きでしたか、横書きでしたか。

宮脇　横書きです。どの項目も、ものすごく役に立ちます。できた年代は一九六〇年前後と古いですけれども、そこに至るものが完璧なレベルで残っています。すると、それを基礎にして次を続けられるわけです。新しい史料は、そこにつけ加えればいいだけということになりますが、そんなに新しい史料も出てきませんしね。時代性を加味した上で、古いものは大事にしないといけません。『〈決定版〉正伝　後藤新平』もそうですよね。やはりその時点でできたことの意義はちゃんと評価をして、継承しないといけない。

藤岡　倉山さんがおっしゃったように、原敬を、どこを引用するかでいかようにも描けるということは確かにその通りだと思います。ただ、一方で、立場が違うと思えるような学者の研究でも、実証的な裏づけがあり、著者が誠実に史料を引用して書いている限りにおいてすごく勉強になります。

倉山　それはそうです。

宮脇　もちろんです。

藤岡　これもまた大事なことでね。

宮脇　ただ、結論としては駄目だな、とか思うんですけどね。

藤岡　結論がだめであってもね。

宮脇　途中はものすごく役に立ちますよ。

藤岡　出されている史料というものが、とても役立つことがあるんですよ。

倉山　そこで私が言いたいのは、逆のことを書いているから駄目、ではなくて、両方を説明しなければいけない、提示しなければいけない、ということです。

藤岡　そうなんです。そういう誠実さがあるかどうかということが、やはり重要です。

宮脇　それが本当の学者かどうかという分かれ目ですね。

藤岡 そういう意味では、考え方が違っても、やはりそこのところでは共有と言いますか、学び合いができるのだと私は思うんですね。

宮脇 その通りです。

倉山 意外に思われるかもしれませんが、私が憲法学で最も日本国憲法に関して意見が一致するのは伊藤真さんです。九五パーセント一致します。残り五パーセントは絶対一致できないですけれども。

彼は九条を守って日本が滅んでもいいと、本気で思っている人です。本気でそう思っているがゆえに、中途半端な護憲派とは仲が悪い。とことんまで突き詰めていって、日本には聖徳太子憲法みたいな立派な憲法があって、とそういうことを言っている人です。

宮脇 他の人に信用してもらえるものをきちんと提示することが、最低限の学者の仕事です。この人の書いていることは嘘だ、ということになれば、それでもう読まれる価値もないわけです。先行研究と言った場合、少なくともその段階で誠実な結果を出している人というのが本当の先行学者です。だから、やはり信頼される人間でいるべきです。

倉山 学者は方法論であって、結論ではありません。今の憲法学なんて、言ってしまえば、「日本国憲法を一字も変えない」か「それ以外」か。結論としてのその二つしかありません。だから、その主張をどういう中身で言うかが大事になる。

藤岡　右と左でまったくコミュニケーションがないような状態に、いまは何となく近いと思うんですね。

倉山　近いというか、そのものだと思います。

藤岡　それはやはり、大きな損失です。

宮脇　動きましょう。

藤岡　いずれにせよ、いろいろな可能性が開かれています。

第一回の研究発表大会について――第一セッション

藤岡　「昭和十二年学会」は、平成三十年十一月十一日に第一回の研究発表大会を予定しています。現在十人の学者・研究者の方々に研究発表を依頼し準備を進めていますが、どのような大会になるのか、紹介をしておきたいと思います。

倉山　発表順に紹介していきましょう。まず人文学の**宮田昌明**先生です。正直に申しますが、第一回の大会は宮田先生の都合のつく日付に最優先で合わせました。京都の方で、私は大学院生時代にこの方の論文を読んでいました。一九二〇～三〇年代の政治外交史に大変詳しい方で、二段組で九百ページぐらいの本を書かれている人です。『英米世界秩序と東アジアにおける日

●「昭和十二年学会」第一回研究発表大会＋会員総会について

日　　時　平成30年11月11日（日）
受付開始　12時30分
開　　会　13時00分
　会長講演　13時00分〜
　研究発表　13時20分〜
　＊発表者10名、発表時間一人当たり約20分。
　　3セッションに分け、セッションごとに指定コメンテーターを置きます。
　＊発表者は後日、学会主催で一人90分程度の講演を行ないます。
会員総会＋閉会セレモニー　17時30分〜18時20分
懇 親 会　18時30分〜20時00分

★会場　ベルサール神田　Room2+3
　〒101-0053
　東京都千代田区神田美土代町7　住友不動産神田ビル3F
【アクセス】
　都営新宿線「小川町駅」B6出口　徒歩2分
　千代田線「新御茶ノ水駅」B6出口　徒歩2分
　丸ノ内線「淡路町駅」A6出口　徒歩3分
　JR線「神田駅」北口　徒歩7分
　銀座線「神田駅」4番出口　徒歩7分
　半蔵門線、丸ノ内線、東西線、千代田線、都営三田線「大手町駅」C1出口　徒歩8分

参加費無料。参加希望者は、入会手続きを行なって下さい。

本―中国をめぐる協調と相克　一九〇六〜一九三六』（錦正社　二〇一四年）です。

今回は、昭和十二年、一九三七年の日本から見た日中外交と世界の情勢を説明していただくということになっています。

盧溝橋事件の前の林内閣に佐藤尚武という人が外務大臣に就いていました。この人は大東亜戦争終戦時、日本政府がソ連を通じた工作をしようとしていたのに対して、もうソ連は裏切る気満々だからという電報を本省に送り続けていたのに無視されたという悲劇の外交官です。それが一番有名な佐藤尚武にまつわるエピソードです。

国際連盟においては、常任理事国の中で問題解決能力があるのは実は当時、日本だけでした。ヨーロッパのもめごとを日本が解決していくというクラブだったのです。その国際連盟で駐仏大使といった地位で国際連盟をまとめていたのがこの佐藤尚武という有能な人です。四カ月間の林内閣でこじれにこじれた日中関係と国際関係を解決しようとしていましたが、結果的に潰れてしまいました。

「昭和十二年学会」が発表者の方々にお願いしているのは、先行研究の整理を重視してほしいということです。たとえば、プロアマ問わず一次史料を持ってきて金科玉条のように主張する人は多い。しかし、はっきり言って、一次史料は根性を出せば探し出すことができます。では、その一次史料にいかなる意味があるのか、学問的コントリビューションがあるのかを説明するためには、先行研究を整理しなければいけません。それを整理できる人が、左右プロアマ問わずほとんどいませんでした。

先行研究の整理はやり出せば切りがないことですが、これをやっている人を私はまず見たことがありません。学者の学術論文でも実は並べているだけであり、整理をしていない。本気でやり出すと切りがない。大変なんです。

宮脇 近現代史は特に大変です。

倉山 宮脇先生であれば、たとえばジュンガルの研究については、宮脇先生の前に何人の研究者がいたんですか。ほぼゼロではないでしょうか。

宮脇 ロシア人とドイツ人と。そして日本人が一人とかそんな感じでした。でも私はジュンガルだけではなく、もっと長く広い範囲の北アジア史を研究しましたから。先行研究整理は、それはもうしっかりとやりましたよ。学者の当然の義務です。

倉山 先行研究整理がされていないと、結局一体何をやっているのかわからないことがありますので、発表者の方々には、しっかりと整理しておいてくださいと申し上げております。

次に、**小野義典**先生と**小山常実**先生です。両先生には国際法で見た支那事変ということをお願いしました。法律学の小野先生には、なぜ戦争ではなく事変なのか、北支事変と支那事変はどう違うのか、そして支那事変が戦争になったのはいつなのか、について説明していただく予定です。日本政府決定は昭和十六年十二月十日ですが、そこには一体どういう意味があるのか。「事変というのは宣戦布告をしていないだけの戦争だ」みたいなことを言う人がいるのですけれども、それは俗説であって実は全然違うということを国際法的に説明していただこうと思います。

端的に言うと、これは中立国と封鎖という問題です。中立国が設定できなくて封鎖がないというのはどういうことかというと、日本にも中華民国にも支援し放題であるということです。蔣介石が重慶に立てこもっていて落ちないのは米英が支援しているからだということになり、対英戦、対米戦になっていく。国際法というのはやはり単なるきれいごとではなく現実の一部です、ということまでは私でも言えますので、それより深いことを小野先生に御報告してもらおうと思っています。

藤岡　歴史の評価はやはり客観的なルールに照らすしか方法はありません。お互いにお互いの立場を主張しても、結論は出ません。多くの人々が、そうだね、と言えるような客観的な基準に照らして、だからどうなんだ、という議論ができなければいけない。そのための基礎的な勉強をやりましょうということを小山常実先生が提唱して、ここ十回以上、小山先生にチューターになっていただき、戦前の、国際法の専門家である立作太郎の本をずっと読んできました。私もそれには参加しておりますけれども、その観点から見て通州事件をどう位置づけ、評価することができるか、ということです。

小山先生は、通州事件は日本人に対するジェノサイドであると位置づけています。ジェノサイドは民族絶滅政策という意味です。日本人が五百人いたのを皆殺しにしたからといって絶滅ということにはならない。問題はその論理にあり、彼らは、日本人だから殺せ、と言っている。つまり何か日本人がけしからんことをしているから殺せということではなくて、日本人であることが罪だという論理です。罪というよりも攻撃する正当性があると言った方が正確です。そういう論理を立てて、襲撃のための気合いを煽っている。従ってその論理は、結局ジェノサイドの論理を内包しているという意味で、戦時国際法的な規定から見れば、通州事件は日本人を対象にしたジェノサイドであったという、一つの結論です。

それから、通州事件によって蔣介石の軍は戦闘資格を失っていくという論点を立てていただく予定です。そういう議論がどこまで成り立つかという問題はもちろんあるでしょうけれども、そういった観点から昭和十二年の事件を分析していこうというアプローチです。

倉山　以上が第一セッションになります。不肖**倉山満**が司会を務めます。

第一回の研究発表大会について——第二セッション

倉山　第二セッションは**海上知明**先生という、中世の軍事史が専門の方に司会・コメンテーターとしてご登場いただきます。

宮脇　日本の中世の軍事史ですね。

倉山　ヨーロッパの戦略、戦史にも詳しく、軍事理論に詳しい方です。もともとマキャベリの専門家で、クラウゼヴィッツとかそういうことも含めての知見をお持ちです。川中島の戦いに関しては、間違いなく世界一の専門家です。

藤岡　海上先生はガキの頃から川中島の戦いの軍記ものを読んでいた方です。日本で川中島関係の文献の完璧なコレクションを持っておられる唯一の方です。

倉山　車懸りの陣が何なのかを一言で解明された。そういう海上先生の司会です。まず一番手として**内藤陽介**先生という郵便学の先生に発表していただく予定です。内藤先生はもともと東大でイスラムを教えていました。現在、フリーの学者をやっておられます。大学にいると雑用が大変だったそうです（苦笑）。

もともとイスラムの反米プロパガンダの研究から始まり、世界中の郵便に詳しい人です。内藤先生には、「昭和切手」について発表していただきます。

昭和切手とは何か。盧溝橋事件の前から乃木切手、東郷切手というものが流行していました。当時は既に準戦時体制になっていますから、左の人が言いたがる「軍国主義」の傾向は盧溝橋事件の前から確かにありました。その風潮とは一体どういうものであったのか。第一回の大会では、発表内容が七月七日より後の事件に集中していますので、七月七日より前の日本の世相を切手というものを通じて発表していただく予定です。

そして、安全保障学の**樋口恒晴**先生です。専門は池田内閣の安全保障政策なんですけれども、本当に何でも詳しく、樋口先生に比べたら私などは物知らずです。

宮脇　樋口先生は水戸の常磐大学で岡田の同僚でした。

藤岡　倉山さんが物知らずとは、いったいどういう方でしょう。

宮脇　面白い人ですよ。

藤岡　このお二人には先日初めてお会いしたのですが、ご著書はすでに昔購入していました。しかも樋口先生の一九九〇年代初めに出た『「一国平和主義」の錯覚』という本は線を引いて全部読んでいました。当時の私の世界認識の変化にも多分影響を受けているはずです。見えないご縁があったことに驚きました。内藤先生の『マオの切手』の本も読んでいました。

倉山　これははっきり名指ししますが、防衛研究所と防衛大学校と軍事史学会の問題と言い切ってもいいんですけれども、現在の自衛隊は戦訓抽出をやりません。戦訓とは戦争の教訓のことですが、普通の国の軍事研究、戦史研究においては、研究対象が昔の戦争であっても、今及び未来の安全保障に生かすために戦訓抽出をやります。しかし日本の場合は、それをやってはいけない。それをやった瞬間に、もう一回戦争をする気か、という批判にさらされるわけです。自衛隊は極度にそれを恐れていて、学会でもできない。樋口先生には昭和十二年の軍事をぜひやってくださいとお願いしました。いろいろな戦訓が昭和十二年、一九三七年にはあるんですけれども、主に話は二つです。昭和十二年は戦車が実戦に本格的登場した時代です。

昭和十二年以前、荒木貞夫とか、もっと言えば日露戦争まで源流は遡ることができます。いわゆる皇道派は竹やり三千本の精神主義者みたいに言われるのですが、実は全然そんなことはなく、皇道派も統制派もどちらが予算をとれるかというところで争っているだけです。荒木貞夫や真崎甚三郎は、むしろ重火器重視の人たちでした。いくらスピードが速くても、装甲が弱くて大砲の破壊力が弱ければだめだろうと言っていた派です。でも、装甲が弱くて走るのが速いだけの戦車は本当に使えないということになるのは、昭和十二年、一九三七年以降の話らしい。やってみてわかったのです。橋を渡るとき、重量が重いと渡れないので敵に進撃できない、といったことは戦ってみないとわかりません。そういうことを世界は、一九三九年から四五年の戦において、自分の国の戦争を研究することによって戦訓にしているのですが、日本にだけはそれがないということです。

もう一つは南京の話に絡みます。実はイラク戦争やアフガン戦争などの戦後の戦争は、「首都を攻略してからが本番」です。その源流が南京攻略後の支那事変にある。伊藤博文はそういったことについていろいろとわかっていたがゆえに、日清戦争では北京に行くなと言った。首都攻略をしてからが本番の戦になる源流が支那事変にあるという話を説明いただく予定です。

三番目は**柏原竜一**先生です。インテリジェンスの専門家で、フランス語の文献を主に読み込んでおられる方です。かなり変わっていると思われるのは、フランス外務省のフランス語の文献から、『ワイマール共和国の情報戦争――フランス情報資料を用いたドイツ革命とドイツ外交の分析』（静岡学術出版　二〇一三年）というワイマール共和国のドイツのインテリジェンスの本を書いていらっしゃるということです。つまり、一カ所だけを見ていても駄目であって、周辺から見て相対化するということです。

柏原先生には、インテリジェンスの面から見て昭和十二年の日本はどうですかと相談し、最初、石原莞爾はどうかという話をしていました。しかし柏原先生は、石原は大したことはないとおっしゃる。石原は正論を言っていた人の代表のように言われるわけですが、では石原のインテリジェンスがどんなものだったのか。他の、当時の日本の政策決定の中枢にいた人たちのインテリジェンスはどうだったのか。そういったことを、外国との比較、歴史上の位置づけから説明していただこうと思っています。

第一回の研究発表大会について——第三セッション

藤岡　第三セッションに入り、まずは**緒方哲也**さん。東京国際大学の教員で、現代中国語の専門家です。言葉の方の専門家で、通州事件アーカイブズの仕事の一環として、中国語の通州事件に関する文献を翻訳しようというチームの中心になっていただいている方です。

通州事件は間違いなく日本側が被害を受けた重大な事件なんですけれども、これを正当化する理論がいくつかあります。その一つが、通州で日本はアヘンを売買していた、それに対して支那人が怒ってああいうことを起こしたのだという奇妙奇天烈な弁護論です。実は日本軍がアヘンをどのように扱っていたかということについて詳細な研究をしている日本人の学者が数人おり、非常に膨大な成果をあげています。そういうものと蔣介石や毛沢東のアヘン政策を総合的に突き合わせ、果たしてそういう議論が成り立つのか、日本がやっていたことも含め、当時のアヘンというものの実態を明らかにしていこうということです。非常に難しい課題ですけれども、とにかくじっくり時間をかけてやり切っていただきたいという期待を非常に強く持っているところです。

次にお願いしているのが、**峯崎恭輔**さんです。私が解題を書いた『「正定事件」の検証――カトリック宣教師殺害の真実』（前出）の著者です。

正定事件については、事実をしっかりと調べなければいけないということで、心あるカトリック信者グループの方が日本の史料を掘り起こし、さらにはフランスの外交文書を入手していました。フランス語の翻訳者を募集した際に出会ったのが峯崎さんです。自衛隊に数年間おられ、一念発起してフランスに留学し、フランス語を勉強した後でさらに七年間、歴史と哲学を勉強された。最初は翻訳者としての位置づけでした。

試しに文献を一つ翻訳していただくと、これがとてもすばらしい出来ばえでした。ならばいっそのこと一冊書いてもらおうということになった。一年間で書いてほしいという半分無理な注文を見事にやって下さってできたのが『「正定事件」の検証――カトリック宣教師殺害の真実』です。世界中で初めて正定事件についてまとめた研究書です。

歴史は先に書いた方が勝ちです。アングロサクソンはみんなそれをやっている。正定事件は将来必ず問題になるから、我々が先に歴史を書こうということです。実は外務省も同じ史料で調査をしているのですけれども、認識は我々と全く同じです。この本の英語への翻訳が進行中です。そういう意味でもこの本の貢献度は非常に高いと私は思っています。

峯崎さんはいわゆる学者・研究者の経歴の方ではありません。しかし、「昭和十二年学会」は、毛色が違うと言うとおかしいのですが、そういった方にも一人ぐらい発表していただくことは一つの励みにもなるかと思います。正定事件とバチカンの動向について、当時から現在までのことで、調べてわかったことを発表していただく予定です。

それから、**樋泉克夫**先生です。樋泉先生は中国関係の大家で、『華僑烈々――大中華圏を動かす覇者たち』（新潮社　二〇〇六年）という華僑の研究書をお書きになっておられます。現在は、明治時代の日本人の学者がどのように中国を認識していたかということをテーマに文献をずっと調べていて、宮崎正弘さんのメルマガにものすごい数の論文を今までにも寄稿されています。

宮脇　私は、毎回読んでいます。

藤岡　あれをまとめて刊行していただければすごいことになると私は思っています。

宮脇　内藤湖南の中国理解など非常に面白いものでした。

――内藤湖南批判でしょうか。

宮脇　二、三日に一回ぐらいのペースで、ちょうどいい分量の読み切りの短い記事を寄稿されています。明治、大正、昭和初期の日本人が支那をどういうふうに見ていたかとか、日本人が中国に行ったときの旅行譚など、そういったものを引用してコメントをつけて読ませる。徳富蘇峰も取り上げていたと思いますが、誰々が何月何日に行って書いたなど、きちんと引用つきで、ちょうどいいぐらいの分量に切って発信しているという形です。

この前は、内藤湖南先生が辛亥革命をどう評価していたかということを書いておられました。中国が民主化したらどうなるかを考え、中国に期待して、支那人の代わりに支那の将来を考えるといったタイトルで書いている割には、結局、最後に投げてしまった。内藤湖南ほどの人にも解決策は見出せなかったという締めだったと思います。わかりやすい場所が引用され、とても読みやすく、役に立つ記事でした。昔の本を一冊読むのはなかなか大変なので、引用していただいたものだけでも、誰がいつどう考えたのかとか、このときと今とまったく同じだとか、比較することができます。わかりやすい発信を何年も何年もされている面白い方です。

藤岡　そして、**高木桂蔵**先生です。日本における中国史研究を回顧するという視点で発表いただく予定です。高木先生は、南京事件についての問題をはじめ、中国に関する問題を、誰も知らずまた日本側では発言する人がいないような時期から研究をされ、発言をしてこられました。中国問題研究の草分けです。かくしゃくとしたご老人であり、お元気で、私たちの通州事件の中国語の研究の会合には、ご自宅のある静岡からもう何回も出てきてくださっています。高木先生には、大会当日の他の方の発表をお聞きになった上で、日本の中国史研究の回顧というものをぜひ語っておいていただきたい、というのがお願いした趣旨でございます。

終章

「昭和十二年学会」入会と会則について

領域をまたいで

――「昭和十二年学会」においては、会員の条件といったことが当然あると思います。そのあたりを紹介していただければと思います。まず学会員になるための条件についてはいかがでしょうか。

藤岡 趣意書を認め、趣意書に賛同していただくということですね。学会の会則に従って活動してくださる方であれば、年会費五千円を払い、会員になることができます。

――申し込まれても、駄目だというようなこともありますでしょう。

藤岡 一応、一人の推薦者が学会内に必要です。

宮脇 正直な話をさせていただきますね。学術団体として申請するためには、会員の半数が研究者、学者でないといけないという、「日本学術会議協力学術研究団体の指定に係る必要な要件及び手続」という規定があります。しかし、半数が、というのは何をもって半数とするのか。また、何をもって研究者とするのか、学者と認定するのか。そういったこと自体が既に恣意的です。

でも我々はやはり、できることは一応何でもしたいので、学術団体として申請することにしています。そのためには最初、なるべく研究者、学者にまず呼びかけを行ない、メンバーをしっかりと集めて申請をする予定です。その後で普通会員になっていただく方については、もう本当に条件もなく、賛同してくださる方であれば喜んで会員になっていただきたいし、できれば多くの賛助会員を募り、寄附も募って歩こうと思っております。従って最初は学会として申請するために研究者会員、学者会員を集めます。

ただし、そこには、大学に所属していれば学者なのかという非常に微妙な問題があります。学術書をたくさん書いている方でも大学所属ではない方もいらっしゃる。会長である私自身がまず大学所属ではありません。しかし我々は本当に学問をやっているつもりでおり、このあたりは我々が決めることではないと思っています。もちろん知己の学者もたくさんおりますので、そういう人たちにまず呼びかけをし、会員名簿を作成し、申請を終えた後で、次の会員、普通会員を募集するという順番で考えております。

倉山 方向性ができるまでは推薦の条件についてもしっかりしておいた方がいいと考えています。

宮脇 歴史学だけに絞らないということが「昭和十二年学会」の売りです。もちろん起承転結や歴史の流れが大事なわけですけれども、とにかくいろいろな学問を専門とする人たちの切磋琢磨の場にしたいと思います。

——学際的ということですね。

宮脇　何十年も前から日本では学際的という言葉が使われ、一度は大流行し、一見定着したように思われています。でも、日本の伝統として、他人のしていることにはケチをつけない、専門ではないことには口を挟まないというルールがあります。これは見方によっては大変良きルールといいますか、摩擦を起こさないためのルールですね。それで、学際的な学会をやりましたとか、学際研究をしていますなどとは言うものの、結局は縦割りになっており、みんなが順番にいろいろな話をしておしまいというのが普通なんです。

倉山　並べているだけ、ということですね。

宮脇　とにかく歌舞伎の「顔見せ」のように、あらゆるものがありますよということでおしまいになっている。そこを一歩踏み出して、話し合うなり突っ込んで議論をするなりして、それは何だ、あれはどうだ、というような刺激的な絡み合いがなければ、学問の発展はありません。そういう場をつくりたいと、本当に思っています。

——素晴らしいですね、もしそういうことが起こるのであれば。

宮脇　やってみればいいわけです。いま声をおかけしている十人は、絶対にそういうことをしてくれそうな人たちをまず選んでいます。私を含め、その場でも、遠慮なくやり合ってみようということです。こんな学会は初めて見たと思ってもらえれば、参加したい人、自ら発表したい人が今後たくさん出てくるだろうと期待しているところです。

——今は、隣接領域を越えないということが、すべてにおいて何か良いことのように思われていますね。

宮脇　学問の分野というのは便宜的なものです。それぞれの領域、専門分野ができた当初は、つくった当人たちはみんなそのことをわかっており、隣接領域の人たちと常に話し合っていたにもかかわらず、二代、三代、四代となってくると、その領域は固定してしまい、学問の伝統も決まった御道《おみち》になってしまって、最初に始めた人の枠を一歩も越えない縦割りに、当たり前のようにどんどんそうなっていくものです。考えもせずに縮こまっていくばかり。よくないことです。

——そういうところを超えた、非常に画期的な学会になるのではないかと思いますね。

宮脇　これまでにないものを認めてもらうことは非常に難しいです。既成の概念にどっぷりつかっている人たちには本当のところは理解ができないでしょう。いろいろなところで摩擦も起こるはずですが、とにかく踏み出そうと思います。

藤岡　「三人集まれば文殊の知恵」といいますが、この三人は、瞬間的に話が通じ、同じ目的が明確なので、その中で自分はどの役割をするかというのが、あまり相談しなくても、それぞれが自発的に仕事をする。非常に気持ちのいいチームです。

昭和十二年学会　会則

第一条（本会の名称）
本会は、「昭和十二年学会」と称する。

第二条（本会の目的）
本会は、昭和十二年（一九三七年）に我が国と世界で起きた歴史事象の研究並びにその研究者相互の協力促進を目的とする。

第三条（本会の事業）
本会は、前条の目的を達成するために、以下の事業を行う。
大会の開催
学術成果の紙媒体での発表
前二号のほか理事会が適当と認めた事業

第四条（会員）
（1）本会の会員になろうとする者は、本会の目的に賛同する者であり、かつ、会員一名以上の推薦に基づき、理事会の承認を得なければならない。

（2）本会の会員になろうとする者は、本会所定の入会申込書に必要事項を記載の上、理事会に提出しなければならない。

第五条（年会費）
会員は、以下の金額の年会費を納めなければならない。
年会費は、五〇〇〇円とする。
学生の年会費は、三〇〇〇円とする。
賛助会員の年会費は、一口五〇〇〇〇円とする。

第六条（会員の資格喪失）
会費を二年間滞納した者は、退会したものとみなす。

第七条（理事会）
（1）本会に理事会を置き、次の役員でこれを構成する。
会長
事務局長
理事若干名
大会準備委員長
（2）理事会は、会長が適宜これを招集する。
（3）会長、事務局長、大会準備委員長は、理事より任命する。

第八条（理事の職務）
（1）理事は本会の運営を司る。
（2）各理事の職務については、下記の通りとする。
①会長は、本会を代表し、会務を統括する。
②事務局長は、本会の事務を処理する。
③大会準備委員長は、大会の開催を司る。

第九条（役員の選出及び解任）
（1）理事会は、互選により会長の候補者を会員総会に推挙する。会員総会は、出席した会員の過半数の賛成により、会長を選任する。
（2）会長は、理事、事務局長、大会準備委員長の候補者を会員総会に推挙する。会員総会は、出席した会員の過半数の賛成により、これらの役員を選任する。
（3）会員総会は、その三分の二の決議により役員を解任できる。

第一〇条（役員の任期）
（1）役員の任期は三年とする。但し、再任を妨げない。
（2）役員が辞任し、前任者の任期途中で新たに役員に就任した者については、前任者の残存期間を任期とする。

第一一条（会員総会）
（1）本会の通常会員総会は、原則として、年一回開催する。臨時会員総会は、必要がある場合に会長が招集する。
（2）会員総会の決議は、出席した会員の議決権の過半数で議決する。ただし、可否同数のときは、会長が決する。
（3）会員は、一個の議決権を有する。

第一二条（論文審査委員会）
事務局に論文審査委員会を置く。論文審査委員は、会員の中から会長がこれを委嘱し、掲載論文の審査を行う。

第一三条（編集委員会）
事務局に編集委員会を置く。編集委員は、会員の中から会長がこれを委嘱し、学術雑誌若しくはは代わる紙媒体の編集及び発行を行う。

第一四条（事務局の所在地）
本会の事務局は、東京都文京区水道二―六―三、二階に置く。

第一五条（会計年度）
本会の会計年度は、毎年十一月一日に始まり、十月三十一日に終わる。

第一六条（会則の改正）
本会則の改正は、会員総会の議決を経て、これを行う。
附則この会則の施行日を、本会の設立年月日とする。

あとがき

宮脇淳子

本書が平成三十年十月に刊行される一ヶ月前、著者である我々三名がまだ原稿を校正しているときに、藤原書店のＰＲ誌『機』九月号の新刊予定およびホームページの近刊紹介に、本書の広告が掲載されました。題名の前には「昭和十二年から、世界史を問い直す！」とコピーがつけられ、「盧溝橋事件、通州事件、上海事変、正定事件、南京事件が起き、支那事変（日中戦争）が始まった、日本にとって運命の年を切り口に、日本史・世界史（という区分そのものも含めて）を見直すことで、戦後当然とされた「日本＝侵略国家」という「通説」をはじめ、真実を追究し、イデオロギーにとらわれない公平な歴史研究を行なう、画期的試み。「昭和十二年学会」創立記念出版！」と内容紹介がしてありました。

すぐにいろいろな反響がありました。藤原書店ともあろうものが、なんでこんな保守反動の本を出すのだ、というのは予想の範囲として、「真実を追究し、イデオロギーにとらわれない公平な歴史研究を行なう」と言っただけで拒否反応を示す人たちが多く、私が想像をした以上に重大なことを始めたのだ、と私はあらためて自覚しました。

藤原社長は「私は日本は侵略したと思っているが、宮脇さんは侵略という言葉は使わないのか」と聞いてこられて、私は「侵略とは何か、という定義をした上でなければ、使いたくありません。簡単に一つの言葉だけで表現しようとすると、どちらが善でどちらが悪か、という二元論になってしまう。それは学問ではありません」とお返事しました。

日本語の「侵略」は、もともと英語の「アグレッション aggression」の訳語です。東京裁判で日本は「侵略」したと判決されたわけですが、この「アグレッション」は、「挑発がなく、攻撃されないのにこちらから撃っていくこと（unprovoked attack）」と定義されます。要するに「正当な理由のない攻撃」という意味です。お気づきでしょうか？「奪い取る」という意味は含まれていないのです。

ところが漢字は表意文字です。「侵略」と訳したとたん、「掠奪」といった犯罪行為が加わるイメージが生まれました。東京裁判の判決そのものも問題ですが、侵略という字づらのせいで、日本は、「他国の主権・領土・政治的独立を侵すために武力を行使した」（『大辞林』の「侵略」の項目）とか、「土地を奪い取る」（『広辞苑』による「侵略」の定義）行為をしたことになってしまいました。

日本は本当に、無償で現地の土地や資源を掠奪したのでしょうか？

日本が「侵略国家」だったと定義する人は、朝鮮半島や満洲に日本が行なった莫大な投資も侵略の一環とするのでしょうか？　多くの日本人が家族をともなって大陸に渡り、その土地で平和裡に商売をしたり工場経営をしたことも、侵略の一つだとするのでしょうか？

それでは、今、日本人が中国大陸にたくさん渡って商売をしていることは、どう考えればいいでしょう。もし日本と中国の間で将来紛争でも起こったら、さかのぼって今の行為も侵略の一つだったと言われることにはならないでしょうか？

こういう考え方を、詭弁だ、とはねつけてしまうのではなく、あらゆることを想定し比較し、筋道を立てて定義し、考えを詰めていくことこそが学問ではないでしょうか？

日本のしたことはすべて、結果が悪いのだから、途中も侵略の一環だ、と決めつけてしまうのは、政治的忖度ではあっても、学問的態度ではないと私は思います。だから、こういう学会をつくって、みんなで出来事すべてをまな板の上にのせて、議論しようと考えたのです。

こんなに異色の取り合わせの我々三名、教育学者の藤岡信勝先生、憲政史家の倉山満さん、東洋史学者の私が、どうして一緒に学会を主宰することになったのか、なぜ昭和十二年なのかは、本書で縷々述べた通りですが、藤原社長の英断で、学会がスタートする前にこのような本を刊行することができて、我々三名は、藤原社長と藤原書店に心から感謝しています。

十一月十一日の第一回研究発表大会および会員総会が開催される前に、こんなに世間の注目を集めることができたのも、藤原書店のPR誌『機』とホームページのおかげです。

もともと我々三名は、この学会が保守の政治団体や政治集会にはならないように心を砕いてきました。多様な立場の学者の方々のご参加を心から歓迎します。日本の知識人の圧倒的多数はリベラルだと思いますが、この辺で、善悪ではなく、結果の是非でもなく、事実関係や論理的整合性を大いに議論してもらいたいと希望するものです。

藤原書店には、スタート前から、論争の矢面に立っていただくことになり、申し訳なく思うと同時に、藤原書店を巻き込んだ我々の方針はきわめて正しかったと思うのです。

このような結論に導きたい、という考えは、私には全くありません。議論の場がこれから何年も何年も続き、たくさんの日本人が、とりわけ若い人たちが自由に発言できる場を維持することに、全力を尽くしたいと考えています。

平成三十（二〇一八）年十月

昭和十二（一九三七）年　詳細年表

月	日	曜日	日本の出来事	世界の出来事
1月	1日	金	・山本有三『路傍の石』連載開始（〈朝日〉〜6・18改定して〈新篇路傍の石〉第1・2部38年11月〜40年7月〈主婦之友〉中絶、同士8月号〈ペンを折る〉を発表）（岩②） ・大日本紡績連合会、操業短縮を緩和（岩②）	・（ニカラグア）ソモーサー家による独裁が始まる（岩①④） ・CIO指導下に米自動車・鉄鋼産業労働者のスト広がる（岩②） ・英領インドで州議会選挙が行なわれ、会議派が大勝し、ムスリム連盟は敗北（2月まで）（岩④） ・この年、シエラレオネ青年連盟結成（岩④） ・この年、T・パーソンズ『社会的行為の構造』刊（岩④） ・（中）歌「何日君再来」流行（岩④） ・（南ア）原住民法の修正。アフリカ人の都市滞在を14日に限定（岩④） ・（英領南ローデシア、現ジンバブウェ）パス法制定（岩④） ・ジャズ音楽の名コンビとなるビリー・ホリデーとレスター・ヤングが『今年のキス』をレコーディング（⑨） ・（米）大学フットボール四大ボウルゲーム（⑨） 以上、この年の出来事。（出典に具体的日程記載なし）

1月

日付	曜日	事項	事項
2日	土		・日伊地中海紳士協定調印（岩④、⑧）
3日	日		
4日	月	・名古屋城の金鯱の尾のうろこ58枚盗難、話題となる（岩②、⑧、⑪）	
5日	火		
6日	水	・西安の掃匪総司令部廃止（⑪）	・米議会が内乱中のスペインへの武器輸出禁止決議案を可決（岩④、⑧、⑨）
7日	木	・大蔵省、膨張予算と関税改正に伴う見越輸入および円価低落阻止のため輸入為替に許可制採用を決定（⑩）※馬場鍈一大蔵大臣。	
8日	金	・大蔵省、輸入為替許可制公布（岩①、②、⑤）	
9日	土	・松瀬青々死去（⑧）	・西安で共産党指導の抗日デモ。抗日軍事行動の開始が決議される（⑧）
10日	日	・(財)災害科学研究所創立（大阪）（岩②、⑧）	
11日	月	・江利チエミ誕生（⑧）	
12日	火		
13日	水		
14日	木	・歌舞伎座で上演中の「天神記二枚錦絵」の藤原時平の冠が、昔天皇、皇族方に限って使った「立纓」とわかり、警視庁保安課が注意（⑪）	
15日	金		

16日	土		・独政府が外国軍艦のキール運河自由航行を禁止（⑧）
17日	日		
18日	月		
19日	火		・ハワード・ヒューズが米大陸横断飛行記録を樹立（⑨） ・ハーバード大学、東洋語学部を創設（⑨）
20日	水		・フランクリン・ルーズベルト米大統領の2期目の任期が始まる。憲法修正第20条が初めて適用され、任期開始が3月4日から1月20日に変更（⑨）
21日	木	・衆議院で浜田国松代議士と寺内寿一陸相が割腹問答（岩①、②、⑤、⑥、⑧、⑪）	
22日	金	・衆議院、2日間の停会（岩②、⑧）	
23日	土	・廣田弘毅内閣総辞職（寺内寿一陸相の衆議院解散の主張で閣内一致）（⑤、⑥、⑧、⑪）　※永野修身海相が反対	・ソ連で第二次反革命裁判開始（〜1・30）、ラデックら著名共産党員30人に銃殺の判決が下される（岩②、④、⑦、⑧）ピャタコフに死刑宣告
24日	日	・日米綿業協定調印	・ユーゴ・ブルガリア間で「永世友好」条約調印（岩②、⑧）
25日	月	・宇垣一成に組閣命令、陸軍の反対で陸相をえられず（岩②、⑤、⑥、⑪）	
26日	火		

1月	27日	水	・名古屋城の金鯱の尾のうろこ盗難の犯人つかまる（⑪）	
	28日	木		
	29日	金	・宇垣一成、陸軍の反対で陸相をえられず辞退（岩①、④、⑤） ・林銑十郎に組閣命令、陸相後任問題で組閣難航（岩②、⑧、⑪） ・新響創立10周年記念邦人作曲コンクール入選作品演奏（荻原利次・平尾貴四男・諸井三郎・江文也）（岩②、⑧）	
	30日	土	・陸軍当局、憲政についての軍の意向に関し「ファッショ政治を企図せず」など、釈明の声明発表（岩②、⑧、⑪） ・舞出町五郎〈経済学史概要〉上（岩②）	
	31日	日	・ケソン比大統領来日 ・寺内寿一陸相が後任に中村孝太郎を推薦	
2月	1日	月	・松竹発足（岩②、⑧）松竹関係企業合同し、松竹㈱発足（資本金3740万円　社長大谷竹次郎） ・河東碧梧桐没（1873生、65歳）（岩②、⑧） ・浅野長勲没（⑧） ・新興キネマで二枚目スターを募集、1月末から1014人が殺到（⑩）	・（フィンランド）大統領にカッリオ選出 ※具体的日程記載なし（岩④）

2日	火	・林銑十郎内閣発足（岩②、⑤、⑧、⑪） ・大蔵大臣に結城豊太郎就任（岩②、⑧）	
3日	水		
4日	木	・東交指導下で京成バスが罷業。以後、東京郊外電鉄、バスで賃上げ争議が続発（岩②、⑧）5・7東交幹部30余人送検束 ・原節子主演の日独合作映画『新しき土』封切（⑥） ・矢次一夫ら国策研究会設立（岩①、⑤）	
5日	金	・興銀が軍需産業への優先的融資の方針を決定（⑧）	・（米）ローズヴェルト、最高裁改組案を提出（岩④、⑨） ・ルー・アンドレアス・ザロメ没（⑧）
6日	土	・商工省、軍需品関係を除き重要輸入品の輸入許可方針を決定（⑩） ・日本で初めてカヌーがお目見え（⑧）	・満洲国皇弟の溥傑、嵯峨公勝侯爵の嗣子実勝の長女浩子と婚約（⑪）
7日	日	・阿久悠誕生（⑧）	
8日	月		・スペインのフランコ将軍、マラガを占領（⑧）
9日	火	・日銀総裁に池田成彬就任（岩②、⑪） ・中村陸相、病（腸チフス）のために辞職。後任に教育総監杉山元大将が親任、さらに元陸相寺内寿一大将が教育総監に就任することが決定（⑪）	

2月

10日	水		・中国共産党、国民党に国共合作を提議（武装蜂起・土地革命の停止、紅軍の国民革命軍への改名を提議）（岩①、②、⑥、⑦、⑧、⑪）
11日	木	・文化勲章令公布（岩①、②、⑥、⑧） ・藤村作（実著者は近藤忠義）〈日本文学原論〉（岩②）	・GM（ゼネラルモーターズ社）、全米自動車労働組合（UAW）を交渉団体として承認⑨
12日	金	・自由美術家協会結成（長谷川三郎・濱口陽三・村井正誠・山口薫ら）7・10〜7・19第1回展（日本美術協会）、村井〈URBAIN〉、長谷川〈帳の軌跡〉、植木茂〈作品〉（岩②、⑧）	
13日	土		・ブルム仏首相が人民戦線綱領の「休止」声明。大資本家グループの譲歩の結果（岩②、④、⑦、⑧、⑪）
14日	日	・日本金属学会設立、発会式（会長本多光太郎）（岩②、⑧） ・〈大魯迅全集〉（鹿地亘ほか訳、〜8・21 7巻、改造社）（岩②）	・（中）国民党5期3中全会、対日交戦国共合作を準備（〜2・22）（岩④）
15日	月	・日本製鉄八幡製作所、1000t高炉に火入れ（岩②、⑧）	・中国国民党3中全会開く。「赤禍根絶案」を採択し、実際は国共合作へ同調（岩②、⑧、⑪）
16日	火		

17日	水	・死のう団事件。日蓮宗系の殉教的宗徒集団「日蓮会」の5人が皇居・国会議事堂前などで切腹を図る。歌舞伎町で女性2人、〈死なう〉のビラをまく（岩②、⑥、⑧、⑪）	
18日	木		・（ソ）重工業人民委員オルジョニキゼ自殺（岩④）
19日	金	・兵役法改正。徴兵検査合格の基準を5㎝緩和。「150㎝以上」となる。（続いて、視力・量力基準も引き下げられ、学生の兵役逃避を封鎖）（岩②、⑥、⑧、⑪）	
20日	土		
21日	日	・労働無産協議会第1回全国大会、政党への転換を決定（岩①、②、⑤、⑧）	
22日	月	・軍需景気で東京株式市場の取引高が152万8000株と過去最高（⑧）	
23日	火		
24日	水		
25日	木		
26日	金	・日本政府によって白白教幹部約150人が検挙される（⑥） ・大阪南地芸妓組合の芸者が待遇改善を求めストライキ、信貴山玉蔵院に籠城（⑪） ・中島知久平、鳩山一郎、前田米蔵、島田俊雄、政友会総裁代行委員に（⑪）	・金日成指導の朝鮮人民革命軍が鯉明水で日本軍を撃破（⑧）

月	日	曜	国内	海外
2月	27日	土		
	28日	日	・鳩山一郎・前田米蔵・島田俊雄・中島知久平、政友会総裁代行委員に就任（岩②）	
3月	1日	月		・ポーランドで、コッシュ大佐の反共右翼団体「国家統一陣営」結成（⑧） ・（アルジェリア）メッサーリ、アルジェリア人民党結成　※具体的日程記載なし（岩④） ・（米）USスチール、労働組合に団体交渉権を認める（岩④） ・（米）連邦準備制度理事会、加盟銀行の支払い準備率を再引き上げし、更に5月1日に再々引き上げを実施（⑨）
	2日	火		・ポーランドで、コッシュ大佐の反共右翼団体「国家統一陣営」結成。同月、対抗団体〈労働者・農民・知識人グループ〉成立（岩②） ・（米）USスチール、鉄鋼労働者組織会員会（SWOC）の団体交渉権を認め、労働協約を締結（⑨）
	3日	水		・（ソ）スターリン、党中央委員会で党活動の欠陥を報告（岩④）
	4日	木	・政府、第一次金現送承認。蔵相、今後も必要な場合は金現送を行なう旨声明（⑩）	・（米）第9回アカデミー賞受賞式、ビルトモア・ホテルで開催（⑨）

5日	金		・ハンガリーでナチスによる政府転覆計画（⑧）
6日	土	・大阪南地芸妓組合のストライキ、冨田府警察部長が調停に入り、芸妓は下山（⑪）	
7日	日		・ソ連でニコライ・ブハーリンがソ連共産党を追放され、逮捕される（⑧）
8日	月	・佐藤尚武外相が貴族院で、対中政策に優越的態度を捨てよと、軍部を批判する答弁（岩④、⑧）	・（米）全米自動車労働組合（UAW）、クライスラー自動車工場で座りこみストライキに突入（⑨）
9日	火	・対米金現送再開（37年中の現送額8億6600万円）（岩②）	
10日	水		
11日	木	・労農無産協議会、日本無産党と改称（岩②④） ・四社連盟（松竹、日活、新興、大都）は、東宝系映画を上映する場合は、松竹ブロック作品は一切配給しないことを決定（⑪） ・布施第四小学校で大楠公銅像が盗難（⑪）	・アルジェリア人民党結成され、イスラム独立国家を要求（⑧）
12日	金		
13日	土	・第7回独立展（府美術館、～4・4）。児島善三郎〈渓流〉、須田国太郎〈書斎〉、北脇昇〈独活〉［近美］など（岩②） ・大阪市立電気科学館に日本初のプラネタリウムが登場（⑧）	・（ボリビア）スタンダード石油会社を無償国有化し、国営企業（YPEB）に移管（岩④）

3月

14日	日		・（ハンガリー）反ファシズム3月戦線成立（岩④）
15日	月		・ノースカロライナ州ローリーに米国初の州立避妊クリニック誕生（⑧）
16日	火	・静岡県持越金山で火災発生後のガスにより坑夫48人が窒息死　5・19会社救済作業手当要求で怠業中の坑夫277人解雇、組合650人罷業。7・7退職手当で解決（岩②、⑧） ・同志社大学で一部の教員、国体明徴問題で総長に上申書を提出　8・12具島兼三郎・田畑忍ら休・解職（同志社事件）（岩②、⑪）	・ムッソリーニ、リビア訪問。英仏のアラブ支配に対抗しイスラム教徒保護を表明。（英仏のアラブ支配に対抗）※イスラムを「回教」表記（岩②、⑧） ・ジョセフ・チェンバレン没（⑧）
17日	水		
18日	木	・久板栄二郎〈北東の風〉初演（築地小劇場、滝沢修ら新協劇団、〜3・31発表は4月〈文芸〉）（岩②、⑧）	・スペイン内乱のグアダラハラの先頭で、共和国軍が伊軍3万5000人を撃破（⑧） ・米テキサス州ニューロンドンの小学校で爆発事故、児童ら294人が死亡（⑧）
19日	金		
20日	土	・満洲国軍政部顧問部〈満洲共産匪の研究〉（岩②）	
21日	日		

22日	月	・陸軍省は陸軍軍人軍属著作規則を改正（軍部内の言論統制を強化）（岩②、⑧） ・大阪府で中等学校入試地獄緩和策として「国史一本槍」の入試案を断行（⑪） ・坂田三吉が天龍寺で行なわれた坂田・花田（八段）戦に敗れる（⑪）	
23日	火		
24日	水	・東宝、日活時代劇の花形黒川弥太郎、花井蘭子、清川荘司、鬼頭善一郎およびフリーランスの月形龍之介の五大スター引き抜きを発表（⑪）	
25日	木	・日英・日米間に永代借地制度解消に関する公文交換（岩②、⑧、⑪） ・帝国学士院〈帝室制度史〉（～45年3月、6冊で中断）	・伊・ユーゴが5ヵ年の中立不可侵条約調印（岩②）
26日	金		・ウィリアム・ヘイスティ、黒人として初めて米国連邦裁判官となる（⑧）
27日	土	・文部省、国体明徴の観点から、中学・師範・高女・高校の教授要目を大幅に改定（岩②、⑧、⑪）	
28日	日		
29日	月		・米国最高裁、ワシントン州の女性最低賃金法を支持（⑧、⑨）

3月	30日	火	・大阪帝大でサイクロトロン完成(岩②、⑧)28インチ装置完成 ・丸井開業(岩②、⑧) ・糸価安定施設法公布(岩①、⑤) ・臨時租税増徴法・法人資本税法・揮発油税法など増税新法各発布(岩②、⑪)	
	31日	水	・衆議院が会期最終日にして解散(食逃げ解散)(岩①、②、⑤、⑥、⑧、⑪) ・アルコール専売法公布(岩②、⑧) ・母子保護法公布。13歳以下の子供を持つ貧困の母または祖母の生活扶助や子供の養育扶助などを規定(38・1施行)(岩②) ・漁船保険法公布(岩②) ・日本銀行条例改正交付(参与会を廃止し参与理事制を新設) ・郵便金利引き下げ公布(岩②) ・東京帝大農学部付属農業教員養成所、東京農業教育専門学校となる(岩②)	
4月	1日	木	・東京・札幌間に定期航空路開設(⑧) ・郵便料金値上げ(岩②)(年3%を2・76%に改正) ・葉書2銭・封書4銭に改定実施(37年ぶりで各5厘・1銭値上げ)(岩②、⑧) ・コンセール=ポピュレール第一回公演(服部正・金子登を中心に結成。40・11・7青年日本交響楽団と改称)(岩②)	・英、インド統治法施行(⑧) ・英、改正ビルマ統治法施行、ビルマをインドから分離し直轄植民地にする(岩④、⑧) ・(印)新統治法が実施され、ベンガル、パンジャーブなどで州政府が発足(岩④) ・(モロッコ)国民行動連合が国民党と国民運動に分裂 ※具体的日程記載なし(岩④)

2日	金		・南アフリカ政府、南西アフリカの独系住民を含む外国人の政治活動を禁止。ヒトラーは抗議（岩②、⑧）
3日	土	・本庄繁大将夫妻の媒酌で溥儀の弟溥傑、嵯峨治と結婚（岩②、⑧、⑪）	
4日	日		・全米海員組合などCIO所属の3海員団体が日本向けの軍需品輸送をボイコットすると発表（⑨）
5日	月	・防空法公布。灯火管制・避難・消防・救護などを規定する（岩①、②、⑤、⑥、⑧） ・ひとのみち教団の第二次検挙。御木徳一を追起訴（⑧） ・正木ひろし『近きより』創刊　時局を批判、〜49年10月＝98号（岩①、②、⑧） ・小運送業法・日本通運株式会社法各公布（岩②） ・保健所法公布7・15施行（岩②、④、⑧）	
6日	火	・朝日新聞社の神風号が東京―ロンドン間を94時間余の世界記録で飛行。ロンドンに9日着（岩①、②、⑥、⑪） ・別役実誕生（⑧）	
7日	水		・トルコ・エジプト友好協定調印（岩④）
8日	木		

4月

9日	金	・日本・オランダ領東インド（現インドネシア）間に、通称取りきめ調印（石沢・ハルト協定）（岩②、⑧） ・日本自動車工業㈱設立→47・7いすゞ自動車と改称（⑧） ・東京・京都両帝大と東京・広島文理大に国体・日本精神に関する講座を設置（⑧）	
10日	土		・ドイツでオリンピアの発掘開始（⑧） ・毛沢東が延安共産党活動者会議で三民主義に同意、国共合作へ決断（⑪）
11日	日	・第12回国画展（府美、～4・27）。梅原〈霧島〉、河野通勢〈鹿鳴館時代娘〉（岩②） ・加山雄三誕生（⑧）	
12日	月	・日本労働組合が総選挙の政治闘争に全力を注ぐこととし、メーデーの注止を決定（⑪） ・女喜劇王の武智豊子が家出（⑪）	・列国モントルー会議開く。エジプトのキャピチュレーション禁止の協定調印（岩②、④、⑧） ・（米）最高裁、NLBB（全国労働関係委員会）対ジョーンズ・ラフリン鉄鋼会社事件判決（⑨）
13日	火		
14日	水	・横光利一「旅愁」連載開始（岩②）〈東京日日〉〈大阪毎日〉～8・6、挿絵藤田嗣治、続編〈文芸春秋〉39年5月～40年4月など各誌に発表。46年4月〈人間〉の〈梅瓶〉で中絶（岩②） ・金属研究所、増本量・山本達治発明の高導磁率合金センダストの特許を取得（岩②、⑧）	

日	曜	日本	世界
15日	木	・ヘレン・ケラー来日　盲・聾・唖三重苦のヘレン・ケラー女史横浜着〈奇跡の声〉で各地を講演（岩②、⑥、⑧） ・鉄の輸入税免除に関する件公布［緊勅］（岩②） ・永井荷風「濹東綺譚」連載開始（岩②、⑥）（〈朝日〉～6・15、挿絵木村荘八、8月刊）（岩②）	
16日	金	・外相・蔵相・陸相・海相、対支実行策・北支指導方策を決定（岩①②、⑤、⑧）	
17日	土		
18日	日		・仏の映画館・劇場が重税に反対し、スト決行（⑧）
19日	月	・庄司薫誕生（⑧）	・スペインのフランコ、政党統一令を出しファランヘ党を創設（岩④、⑧）
20日	火	・矢崎弾〈過渡期文芸の断層〉（岩②）	
21日	水		
22日	木		・NYの第4回平和デモに過去最高人数の市民が参加、いかなる戦争にも米国の関与を拒否（⑧）
23日	金	・東交・東京市従・東京自由社労働組合・登録労働者生活改善協議会で結成（対市賃上闘争同盟）、怠業（岩②）	・イタリアのムッソリーニとオーストリアのシュシュニク首相が会談、イタリアはオーストリア支援から離脱（岩④、⑧）
24日	土		

4月

25日	日	・愛知時計（軍需工場）で請け負い単価切り下げから争議（岩①、⑧）	
26日	月		・スペイン内戦中、ナチス・ドイツ空軍がゲルニカを空襲。（岩①、②、④、⑥、⑦、⑧）死者2000余人 ・この年、ピカソ「ゲルニカ」をパリ万博に出展（岩④） ・（米）ガフィ＝ヴィンソン瀝青炭法、成立（⑨） ・ヨセフ・スターリン書記長、チョーサン女史と4回目の結婚（⑪）
27日	火		・アントニオ・グラムシ没（⑧）
28日	水	・第1回文化勲章授与式。長岡半太郎、本多光太郎、木村栄、佐佐木信綱、幸田露伴、岡田三郎助、藤島武二、竹内栖鳳、横山大観が受章（岩②、⑪）	
29日	木	・美空ひばり誕生（⑧）	・ウォーレス・カロザーズ没（⑧）
30日	金	・第20回衆議院議員総選挙。立憲民政党179、立憲政友会175、社会大衆党37、昭和会19、国民同盟11、東方会11議席（岩①、②、⑤、⑥、⑧、⑪） ・和辻哲郎〈倫理学〉上（中42・6・15、下49・5・10）（岩②） ・木村謹治〈和独大辞典〉（博物館）（岩②）	・（比）女性参政権、国民投票で認められる（岩④）

5月

日	曜	日本	世界
1日	土	・阪急西宮球場開場（⑧） ・北海道美唄町で大火、629戸焼失（⑩） ・商工省に統制局設置を公布［勅］（岩②） ・商工省統制局設置（岩①、⑤） ・5月上旬にかけ愛知県下で賃上げ争議続発（三菱航空機・日本毛織・大東紡・豊田紡など、愛知県下の大工場）（岩②、⑥、⑧） ・西宮球場会場（岩②） ・間宮茂輔〈あらがね〉（〈人民文庫〉～38年1月、3月・続編11月刊）※具体的日程記載なし（岩②）	・アメリカ、第三次中立法を改正〈現金支払い・自国船〉政策採用（岩①、②、④、⑦、⑨）
2日	日		
3日	月		・バルセロナ電話局で共産党系のカタルーニャ統一社会党と、アナキストとトロツキスト派のマルクス主義統一労働党とが戦闘状態に（岩④、⑧）
4日	火	・宮城県志津川町で大火	
5日	水	・滝沢敬一〈フランス通信〉出版（～52・4・15　10冊）（岩②） ・不良少年少女の一群「夜嵐団」捕まる（⑪）	
6日	木		・ドイツ飛行船「ヒンデンブルク号」がアメリカの空港で爆発、36人が死亡（⑥、⑧、⑨、⑪）
7日	金	・東京交通労働組合幹部の30余人を検挙 ・三菱地所設立（岩②）	

5月

8日	土		
9日	日		
10日	月		
11日	火		
12日	水	・立原道造〈萱草に寄す〉（岩②）	・英ジョージ6世戴冠式、ラジオで初めて海を越えて放送され、NYで受信される
13日	木		
14日	金	・企画庁設置（内閣調査局廃止）（岩①、②、⑤）	・スペイン、ラルゴ・カバジェロ首相辞職（⑪）
15日	土		・（アルバニア）南部のムスリムが反乱（岩④）
16日	日		・スペイン内閣分裂、カバリェロ内閣崩壊（⑧）
17日	月		・スペイン、社会党右派ファン・ネグリン内閣成立。人民戦線最後の抵抗戦を指揮（⑧、⑪）
18日	火	・城戸幡太郎ら、教育科学研究会を結成し、各部委員会を開く。39年9月〈教育科学研究〉創刊（岩②） ・第1回臨時物価対策委員会開催（⑩）	
19日	水		
20日	木		
21日	金	・唯一の与党昭和会解党（⑩、⑪）	・（ソ）「ソ連エヌ―170号」北極到達、最初の北極地区冬営始まる（岩④）

22日	土		
23日	日		・ジョン・ロックフェラー没⑧
24日	月	・望月圭介、昭和会（唯一の与党）の解党を述べ、林首相に総辞職を進言（岩②、⑧、⑪）	・インドネシア人民運動結成（岩①） ・ヤミン、シャリフデンらによってインドネシア人民運動（ゲリンド）結成（岩④） ・（米）最高裁、社会保障法に合憲判決⑨
25日	火		
26日	水	・双葉山、横綱に昇進（岩②、⑥、⑧、⑪） ・内閣に文教審議会を設置［勅］12・10廃止され、新たに教育審議会を設置（41・10・13までに戦時教育体制の基本を確立）（岩②、⑧）	・エジプトが国際連盟に加入⑧ ・（米）フォードのリヴァー・ルージュ工場の「高架道の戦い」⑨ ・（米）鉄鋼労働者組織化委員会（SWOC）、リトル・スチールでストライキに突入⑨
27日	木		・（米）ゴールデン・ゲイト橋（金門橋）完成（⑧、⑨）
28日	金	・政友会・民政党が林内閣の即時退陣を要求（岩①、②、⑤、⑧）	・英ボールドウィン内閣総辞職、チェンバレン内閣成立（宥和政策が本格化）（岩①、⑧） ・ハンガリーで初のユダヤ市民権制度成立⑧
29日	土	・陸軍省、重要産業5か年計画要綱を決定（岩①、②、⑤）	・独戦艦「ドイッチュラント」がスペイン人民戦線空軍機の爆撃受ける（⑧、⑪）
30日	日	・「国体の本義」発行 ・鉄鋼スト参加者に警察が発砲、10人が死亡	

5月	31日	月	・林内閣総辞職（岩①、②、⑤、⑥、⑧、⑪） ・文部省『国体の本義』を全国の学校等に配布（岩②）学校・社会教化団体等に20万部配布 ・ワインガルトナー夫妻、新響を指揮（日比谷公会堂、6・16、6・28、6・30）（岩②）	・独軍艦がアルメリアを報復砲撃（⑧、⑪）⑪では5・30 ・（米）第25回インディアナポリス500マイル自動車レース（⑨）
6月	1日	火	・湯浅内府、興津の西園寺公望を訪ね2時間半会談（⑪） ・三菱重工業㈱・石川島芝浦タービン㈱、関西共同火力発電㈱尼ヶ崎発電所の7万5000KW蒸気タービンを竣工 ※具体的日程記載なし（岩②） ・献金つき愛国切手・葉書発売（岩②、⑧） ・大河内正敏、〈科学主義工業〉を創刊 ※具体的日程記載なし（岩②） ・中野重治〈汽車の罐焚き〉（〈中央公論〉）（岩②）	・台湾総督府、日本語励行を命令（岩①） ・（トルコ）クルド人反乱 ※具体的日程記載なし（岩④）
	2日	水	・近衛文麿公爵に組閣命令（⑪）	
	3日	木	・高見順・保田与重郎ほか〈人民文庫・日本浪漫派討論会〉（〈報知〉～6・11）（岩②、⑧） ・ラジオ受信契約が300万を突破（⑩）	・蔣介石、廬山で各将領・各県代表と会談、周恩来を招く（⑪） ・（米）農産物販売協定法（AMAA）制定（⑨）
	4日	金	・第一次近衛内閣成立（岩②、④、⑤、⑥、⑧、⑪） ・賀屋興宣蔵相・吉野信次商相、財政経済三原則を発表（岩①、②、⑧）	・（朝）東北抗日連軍の普天堡事件（岩①、④、⑧）

5日	土		・英ウィンザー公がシンプソン夫人と結婚（⑧） ・米国のベルモント・ステークスでウォーアドミラルが優勝。史上4番目の三冠馬となる（⑧）
6日	日		
7日	月		・ジーン・ハーロー没（⑧）
8日	火		・（米）世界最大の花、ニューヨークの植物園で開花（⑨）
9日	水	・海外超現実主義作品展開催（⑧） ・レコードにも出版法を適用し卑俗な歌を発禁（⑩） ・国際オリンピック委員会は第五回冬季オリンピック（15年）の会場が札幌に決定したことを正式発表（⑪）	
10日	木	・日本文化振興会、日英交換教授計画を決定。7・8東北帝大教授土井光知、神戸を出帆（ケンブリッジ大学などで日本文化講座開講）（岩②）	
11日	金	・海洋美術会結成（5月の海洋美術展を契機に石井柏亭・海軍協会など）（岩②）	・ソ連、トゥハチェフスキー元帥がスターリンに粛清される。翌年まで赤軍大粛清（⑪）
12日	土	・川端康成『雪国』	・（ソ連）トゥハチェフスキーら軍事指導者の処刑発表（岩①、②、④、⑦、⑧）
13日	日		

6月

14日	月		・アイルランド、新憲法を採択。英総督制を廃止、主権独立国家と規定、国名を「エール」と改称（岩②、⑧） ・スペイン政府がマルクス主義統一社会党に解散を命令、幹部逮捕。人民戦線の崩壊へ（⑧）
15日	火	・「産業5ヵ年計画」を政府決定、国防国家建設の促進（⑥） ・小学校の防護防毒訓練が全市のトップを切って品川区芳水小学校で行なわれる（⑪）	
16日	水		・スペイン、POUMの非合法化（⑪）
17日	木		
18日	金		・ガストン・ドゥメルグ没（⑧）
19日	土		・ビルバオのスペイン共和派軍が反乱軍と激闘の末、降伏。バスク地方の抵抗終わる（⑧、⑪） ・仏上院が、ブルムの金融全権委任法案を否決（岩②、⑧、⑪） ・ジェームズ・バリー没（⑧）
20日	日		
21日	月		・仏、ブルム内閣総辞職、ショータン内閣（急進社会党）成立（岩②、⑧、⑪）

22日	火		・(米)ジョージ・ルイス、世界ヘヴィ級チャンピオンになる（岩④、⑧、⑨） ・(仏)ブルム内閣総辞職（岩④）
23日	水	・国立結核療養所官制公布。茨城県村松の晴嵐荘、初の国立結核療養所となる（岩②、⑧） ・東京吉祥寺に前進座演劇映画研究所を開き、集団共同生活はじまる（岩②、⑧） ・帝国美術院がなくなり帝国芸術院が創設される。会員に72名任命（⑧、⑪）	・独伊、スペイン内戦不干渉委員会を脱退（岩②、⑧）
24日	木	・帝国芸術官制公布［勅］会員に72人任命（日本画18・洋画13・彫刻9・工芸6・文芸16・音楽4・農楽2・建築2・書道2）（岩②） ・国家的な催し以外の宣伝活動を禁止（⑩）	・オランダの総選挙、国家社会主義派が敗退、自由民主党が大躍進（⑧）
25日	金		
26日	土	・村田実没（1894生、44歳）（岩②、⑧）	
27日	日		
28日	月	・国語協会・国語愛護同盟・言語問題談話会、合同して国語協会を結成し、第1回総会（8月〈国語運動〉創刊）（岩②、⑧） ・日本ボブスレー協会創設（⑧）	
29日	火	・1938年度予算編成で、各省が物資要調書を提出することが決定（岩②、⑧） ・日・ソ両軍がアムール川で衝突（⑧）	

6月30日	水		
7月1日	木	・中央経済会議官制公布（日本・満洲間の総合的経済政策審議機関）（岩②、⑧） ・特急「鷗」号が東京・神戸間運転開始（岩②、⑥、⑧） ・日本銀行条例改正法施行（岩②） ・湯川秀樹、アンダーソンらの発見した新粒子が中間子である可能性を指摘（〈日本数学物理学会記事〉19巻7号）※具体的日程記載なし（岩②） ・尾高豊作・北村孫盛、日本技術教育協会を結成　※具体的日程記載なし（岩②） ・松浦一、染色体のりかえの新二面説を発表（〈cytologia〉8巻1号）※具体的日程記載なし（岩②）	・7～8月毛沢東「実践論」「矛盾論」を著す（岩①） ・（比）米から椰子油税基金の送金が始まる。コモンウェルス政府財政の対米依存体質が深まる（岩④） ・（チュニジア）新・旧ドゥストゥール党の対立激化　※具体的日程記載なし（岩④）
2日	金		・米国の著名な女性飛行家アメリア・イアハートが西太平洋を飛行中に連絡を絶った（⑧）
3日	土	・東京浅草に国際劇場開場（浅草、定員4059人）開場、松竹少女歌劇〈国際東京踊り〉上演（岩②、⑥、⑧）	
4日	日		・イラン・イラク境界条約締結（岩④）
5日	月		

6日	7日	8日	9日
火	水	木	金
	・盧溝橋事件。これが発端となり日本国と中華民国間に、日中戦争が勃発（岩①、②、④、⑤、⑥、⑧、⑪） ・塩野七生誕生（⑧）	・中共、対日全面抗戦を呼びかけ（岩④、⑧）	
・ソ連共産党政治局会議で、断罪された「国民の敵」の妻、子供のラーゲル送りが決定（15歳までは少年院）（⑧） ・マドリード周辺のブルネテの戦い、人民戦線軍はブルネテを陥落させたが再び奪回され死者2万5000人の犠牲者（⑧）		・カール・オルフ作の世俗カンタータ「カルミナ・ブラーナ」がフランクフルトで初演される。 ・英国、ピール調査団がパレスチナのアラブとユダヤ国家への分割を勧告（＋岩②、④）（パレスチナのアラブとユダヤ国家への分割を勧告）（⑧） ・トルコ・イラク・イラン・アフガニスタンの4ヵ国がサーダーバード相互不可侵条約調印。イスラム教国の結束（岩④、⑧） ・中共中央、全国民に抗戦の呼びかけ（岩①、②）	・イラン・イラク・アフガニスタン・トルコの間でサーダーバード条約締結（岩①、②） ※相互不可侵条約記載

7月			
10日	土	・天野貞祐〈道理の感覚〉（38・3・15絶版を余儀なくさせられる）（岩②）	
11日	日	・日本政府、華北へ出兵することを発表。北支事変と命名（岩①、④、⑧、⑪） ・盧溝橋事件現地では協定成立（岩①、②、④、⑤、⑥、⑧、⑪） ・各界に挙国一致の協力を要望（岩②） ・満州・朝鮮より河北への派兵決定（岩②）	・盧山会議（⑧、⑪） ・ジョージ・ガーシュイン没（⑧）
12日	月	・閣議で大谷拓相が戦局につき「陸軍は一体どこまで進むのであるか」と質問したのに対し、杉山陸相は「このような席で軍の作戦行動を語ることができぬ」と答える（⑪） ・日本軍の中国派兵決定を受け、日本の株式相場が大きく下がる。9月上旬を底に以後上昇（岩②、⑥、⑧） ・日本労働組合総連合が戦争協力を声明。争議自粛へ（⑧）	
13日	火	・大紅門事件。日本兵が中国軍に爆殺される。 ・関東・東海に豪雨（～17）、死者・行方不明者84人（⑩）	・ボリビアで軍事クーデター　クーデターでブッシュ政権成立（～39）（岩②、⑥、⑧）
14日	水	・沢村栄治初の最高殊勲選手に（⑪）	

15日	木	・日銀、公定歩合を引き下げ（国際担保貸付利子歩合を1厘引き下げて9厘とする。商業手形割引歩合は据え置き）（岩②、⑥） ・安井英二文相、宗教・教化団体代表者に挙国一致運動を要望（岩②、⑥、⑧） ・佐藤春夫ら、新日本文化の会結成（⑩）	・中国共産党代表周恩来が廬山会議に招かれ会議出席（対日抗戦の決意を表明）（岩①、⑧、⑪）
16日	金		・独ブッヘンバルト強制収容所開設（⑧、⑪） ・ハル国務長官、日本の中国政策を非難（第一次ハル声明）（⑨）
17日	土	・松本学・林房雄・中河与一・佐藤春夫ら、新日本文化の会結成、発表式（岩②、⑧、⑪）	・蔣介石、廬山談話で「最後の関頭」演説（岩②、⑥、⑦、⑧、⑪） ・英・ソ、海軍軍備制限協定調印（⑧） ・ガブリエル・ピエルネ没（⑧）
18日	日		
19日	月		・ミュンヘンでナチスによる「退廃芸術展」が開催される。
20日	火	・シュンペーター著・中山伊知郎、東畑精一訳〈経済発展の理論〉（岩②） ・緒方拳誕生（⑧） ・本年度上半期の第五回芥川賞に尾崎一雄氏の短編集『暢気眼鏡』その他が受賞（⑪）	・グリエルモ・マルコーニ没（⑧）
21日	水	・文部省思想局を拡充、教学局を設置（岩①、②、⑧）40・11・16地方教学官をおく	
22日	木	・日本基督教連盟「時局に関する宣言」を発表（国策協力を声明）（岩①、②、⑧）	・（米）バンクヘッド＝ジョーンズ農場小作法制定（岩④、⑨）

7月

23日	金	・第71特別議会召集（7・25開会、8・7閉会）（岩①、②、⑤）	
24日	土	・近衛首相が北支事変の和平交渉役として白羽の矢を立てた宮崎滔天の息子宮崎竜介が、神戸で乗船したところを憲兵隊に捕えられる（⑪） ・台風が九州を襲う（〜25）、死者、行方不明者8人（⑩）	・（中）「街角の天使」封切（岩④）
25日	日	・廊坊事件。中国軍と日本軍が衝突。	
26日	月	・郡中央、支那駐屯軍に武力行使を指示（岩②、⑧） ・支那駐屯軍が宋哲元に期限付き最後通牒を渡す（岩②、⑥、⑧）	
27日	火	・政府、北支事変に関し自衛行動をとると声明。内地三個師団に華北派遣命令（岩②、⑧、⑪） ・池田成彬、日銀総裁辞任、後任に結城豊太郎就任（岩②）	
28日	水	・通牒期限のこの日、日本軍、華北で総攻撃を開始（平津作戦）1日で北京、天津を制圧（岩①、②、⑤、⑥、⑪）	・蔣介石、廬山第二期談話会で「最後の関頭」演説⑪

29日	木	・通州事件。華北各地の日本軍留守部隊や日本人居留民が虐殺される。日本の対中感情は悪化。（岩①）中国保安隊、日本軍民を襲撃・虐殺 ・第一次北支事件費追加予算・北支事件費支弁公債発行法各公布（岩②） ・中国河北省通州で日本機の誤爆に対して、現地保安隊が日本軍・居留民約２００人を惨殺。通州事件（④、⑧）※７・30の項に記載 ・北京郊外通州の冀東政権保安隊、日本軍による誤爆が原因で反乱、日本人居留民ら２６０余人を殺害（通州事件）（⑤） ・橋本龍太郎誕生（⑧） ・岡山駅で特急富士に急行列車が衝突し26人が死亡（⑩）	
30日	金	・日本軍天津占領（⑪）	・韓国光復戦線結成（岩①） ・全米放送芸術家連盟、結成（⑨）
31日	土	・石原莞爾作戦部長、天皇に軍事情勢御進講し、保定まで進むのが精一杯故外交手段で兵を収めることを言上（⑪） ・玉造船所設立（岩②）（三井物産㈱造船部の独立。本社東京。資本金１０００万円。42年１月、三井造船㈱と改称）（⑪） ・衣笠貞之助・八木隆一郎、キノドラマ〈嗤う手紙〉初演（新宿第一劇場、新築地劇場団、〜８・15・９月〈日本映画〉）（岩②、⑧）	

8月

日	曜	事項	世界
1日	日	・石射東亜局長、塘沽停戦協定の解消、華北の日本軍を盧溝橋事件以前に戻すなどの中国側要求をほぼ受け入れ、代わりに満州国を今後問題とせずとの隠約を提示し政府決定へ（⑪） ・明治座で冷房開始（岩②、⑧） ・映画の巻頭に〈挙国一致〉〈銃後を守れ〉などの一枚タイトルを挿入 ※具体的日程記載なし（岩②） ・吉川英治・吉屋信子・尾崎士郎・林房雄ら、各社特派員として戦地へ赴く ※具体的日程記載なし（岩②）	・8月（米）急激な景気後退発生（岩①、⑨） ・（朝）在米朝鮮人、韓国光復運動団体聯合会結成（岩④）
2日	月	・政府、北支事件特別税法案大綱を決定（⑩）	・世界シオニスト会議が英ピール調査団のパレスチナ分割勧告を採択（岩②、④、⑧）
3日	火	・石射東亜局長、在華紡同業会理事船津辰一郎に中国との和平交渉を依頼（⑪） ・商工省が暴利取締令を改正公布。物価高騰に対する応急措置（岩②、⑧） ・大木顕一郎・清水幸治〈綴方教室〉（豊田正子の綴方と指導記録）（岩②）	
4日	水		
5日	木	・金子光晴〈鮫〉「詩」（岩②）	・米・ソ間で通商協定調印（⑧）
6日	金	・豊田正子『綴方教室』発刊	・フランコ軍がマドリード砲撃（⑪）

7日	土	・漢口の邦人居留民は事態の緊迫により全部引き揚げに決定する（⑪） ・南京の邦人も引き揚げに決定、上海より襄陽丸を急派することになる（⑪）	
8日	日	・日本文化中央連盟発起人会（岩①、②、⑧）日本文化宣揚のため各種の事業を行なう	
9日	月	・上海で大山勇夫海軍中尉と斎藤與蔵水兵が中国保安隊に射殺される（大山事件）（⑤、⑧、⑪） ・石射東亜局長、上海で南京政府亜州局長高宗武と船津会談（⑪）	
10日	火	・陸軍が上海派遣軍の編成を命令（岩②、⑧） ・人造石油製造事業法公布 38・1・25施行（岩②） ・精機工学研究所が精機光学工業に改称改組し、製品を「キヤノンカメラ」の商標で発売開始（⑧）	
11日	水	・産金法・金準備評価法・金資金特別会計法各公布（岩②）	・イラクの支配者・バクール将軍が暗殺される（⑧）
12日	木		
13日	金	・上海派遣を閣議決定（岩②、⑧） ・上海で海軍陸戦隊と中国軍が交戦開始（岩①、②、④、⑤、⑥、⑧、⑪） ・製鉄事業法公布（製鉄業奨励法は廃止）（岩②） ・商工省期間試験所を設置（岩②）	

8月

14日	土	・軍機保護法改正公布（岩④） ・陸軍軍法会議、二・二六事件の北一輝、西田税らに死刑を宣告。8月19日に執行（岩①、②、⑤、⑥、⑧） ・貿易及び関係産業調整法・貿易組合法（輸出組合法は廃止）各公布（岩②） ・農村負債整理資金特別融通および損失補償法公布（岩②） ・百貨店法公布（岩②、⑧） ・兵役法改正公布（岩④）	・蔣介石、陸海空軍総司令となる（⑧） ・（加）キング首相、連邦・州関係検討の特別委員会を任命（岩④） ・中国機上海租界盲爆（⑪）
15日	日	・近衛内閣が「国民政府を断固膺懲」と声明し、全面戦争開始（岩①、②、⑤、⑪） ・日本海軍機が南京に対して初の渡洋爆撃（岩②、⑤、⑥）	・中華民国が対日抗戦総動員令を発令（岩②、⑪）
16日	月	・速達郵便制、全国に拡大実施（岩②、⑧、⑪）	
17日	火	・宗教局長、国民精神総動員につき宗教家の奮起を促す（岩②、⑧）	・米国政府が上海の居留民保護のため陸戦隊1200名の派遣を決定 ・イラク、親英的なミドファイ政府成立
18日	水		・（米）ミラー＝タイディングズ公正小売価格維持法、成立（⑨） ・ロバート・レッドフォード誕生（⑧）
19日	木		
20日	金	・マーガレット・サンガー来日 ・鴨緑江水電㈱設立に関する日満覚書調印	

日付	曜日		
21日	土	・満洲映画協会設立	・中ソ不可侵条約調印、ソ連は大量の武器供与を約束（岩①、②、④、⑥、⑦、⑧、⑪）
22日	日		・中国西北共産軍が国民革命第八路軍に改編（軍長朱徳、副軍長彭徳懐）（岩②、④、⑥、⑦、⑧、⑪）
23日	月	・陸軍上海派遣軍、呉淞クリーク上陸戦開始（⑥、⑪） ・NHK、1日10分間の中国向け中国語ニュースの放送開始（⑩）	・アルベール・ルーセル没（⑧）
24日	火	・閣議で「国民精神総動員実施要項」を決定（岩②、⑥、⑧、⑪）	
25日	水		・中国共産党、「抗日救国10大綱領」を発表（岩②、⑧、⑪）
26日	木	・文部省、官立高等工業学校16項に、臨時別科として工業技術員養成科（6カ月）を設置（岩②）	・（米）裁判所手続き改革法、成立⑨
27日	金	・トヨタ自動車工業設立　豊田自動織機製作所の自動車部の独立。本社愛知県挙母町。資本金1200万円（岩②、⑥）	・ローマ法王庁がスペインのフランコ政権を承認（岩②、⑧、⑪）
28日	土		
29日	日		
30日	月		

8月	31日	火	・北支方面軍・第1軍・第2軍の編成ならびに華北派遣を命令（岩②、⑧、⑪） ・日満両国法人㈱満州拓殖公社設立（本社新京。資本金5000万円。総裁坪上貞二）（岩②、⑧、⑪）	・（仏）国有鉄道会社（SNCF）創設（岩④）
9月	1日	水	・あきれた・ぼういず（益田喜頓・川田晴久・坊屋三郎・芝利英）結成※具体的日程記載なし（岩②、⑧） ・矢内原忠雄〈国家の理想〉（〈中央公論〉）全文削除される。12月〈民族と国家〉を自費出版（38・1・20発禁）（岩②） ・青竜社第9回展（府美、～9・25）竜子〈大陸策〉4部作のうち〈朝陽来〉（岩②）	・（ソ）極東地方の朝鮮人18万人など、カザフスタンへ強制移住始まる（岩④） ・（米）ワグナー＝スティーガル全国住宅建設法、成立（⑨）
	2日	木	・日本政府が北支事変を支那事変と改称（⑥、⑪）	・ピエール・ド・クーベルタン没（⑧）
	3日	金	・第72臨時議会召集（9・4開会、8閉会）（岩①、②） ・陸軍省、従来官房内にあった恤兵係を拡充協会して恤兵部として独立させる（⑪） ・第24回仁科展（府美、～10・4）坂本〈水より上る馬〉、藤田〈千人針〉など（岩②）	
	4日	土		
	5日	日	・帝国海軍は全中国沿岸の封鎖を宣言、中国軍の激しい抵抗にあって、上海戦線の死傷者多数（岩②、⑥、⑧、⑪）	

6日	月	・文学座結成※岸田国士ら（岩①、②、⑥）久保田万太郎・岸田国士・岩田豊雄ら（38年3月第一回公演）（岩②、⑧）	・光州の四校、神社参拝拒否のため廃校処分を受ける（岩①） ・独ニュルンベルクで全国党大会に合わせ国家社会主義競技大会を開催（⑧）
7日	火		・米国でニューディール政策が行き詰まり、NY株が暴落（⑧）
8日	水		・汎アラブ会議、英ピール調査団のパレスチナの分割勧告を拒否、ユダヤ人のパレスチナ移民の中止を要求（岩②、④、⑧）
9日	木	・「国民精神総動員に関する内閣告諭・訓令」発表（⑥）	・北平で拉致監禁されていた仏人宣教師が9日ぶりに救出される
10日	金	・支那事変追加予算9680万円。支那事変臨時軍事費支弁公債発行法公布（岩②、⑥） ・臨時軍事費特別会計第一回予算公布（46年2月終結。歳出予定総額2221億円。支出済額1870億円）（岩②） ・臨時資金調整法・輸出入品等臨時措置法公布、戦時統制経済へ移行開始（岩①②）（戦時における貿易・物資統制の基本法） ・軍需産業動員法の適用に関する法律公布（同法の戦時規定を〈支那事変〉に適用）（岩②、⑧） ・米穀応急措置法公布（政府の米穀購入売渡権能を拡大）（岩②） ・臨時肥料配給湯製法公布（岩②）	・英仏など9カ国、スペイン内戦不干渉に関する会議をひらく（〜9・14）。地中海の安全航行・監視地区設定の〈ニヨン協定〉調印（独伊不参加）（岩②、⑧）

9月

10日	金	・臨時船舶管理法公布（岩②） ・名和統一〈日本紡績業と原棉問題研究〉 ・写真化学研究所、当方映画配給㈱、PCL、JOスタヂオの4社が合併、東宝映画㈱（資本金450万円）設立（岩②、⑧）	
11日	土	・全国水平社が戦時下挙国一致・政府支持を決める（⑧） ・後楽園球場開場（岩②、⑥、⑪） ・第2回日米陸上で、吉岡隆徳が100mに10秒2の世界新。ただし追い風のため非公認（⑧） ・台風が九州・本土を襲う。死者・行方不明84人（⑩）	
12日	日	・日本軍、上海楊行鎮占領（⑪）	・中国、国際連盟に日本の侵略を提訴（⑧）
13日	月		
14日	火		・英仏等9カ国、スペイン内戦に際し地中海安全航行・監視地区設立のニヨン協定に調印（⑩）
15日	水		
16日	木		
17日	金		
18日	土		
19日	日		

日	曜		
20日	月	・日本軍、平型関で八路軍と激戦、大敗（⑩） ・大蔵省は外国主要会社にニュース映画を除き一切の外国映画輸入禁止を言い渡した（⑧、⑪） ・古在由重〈現在哲学〉（岩②） ・青山秀夫〈独占の経済理論〉（岩②） ・野呂邦暢誕生（⑧）	
21日	火	・内閣、国語のローマ字綴方の統一について訓令（〈訓令式〉）（岩②、⑧）	・国際連盟総会でソ連は日本を侵略者と非難。日中紛争諮問委員会開催（岩②、⑥、⑧）
22日	水		・国民党中央通訊社が国共合作宣言書を公表〈精製団結一致抗敵宣言〉（岩②、⑧） ・米・英・仏の3国駐日大使、日本軍機の南京攻略に抗議（⑧、⑨）
23日	木		・蒋介石が中国共産党の合法的地位承認を発表。第二次国共合作が成立（岩①、②、④、⑥、⑦） ・（中）中共の4条件（～22）受諾の蒋介石談話（岩④）
24日	金	・全評、組織の維持をはかるも、12・22警視庁、結社禁止を命令（岩②、⑧） ・中国戦線で保定を占領（⑧、⑪） ・八路軍（林彪指揮）、平型関で日本軍を包囲攻撃（～9・25）（岩②）	

9月

25日	土	・政府、日華紛争に関する国際連盟諮問委員会の招請を拒絶（岩②、⑧） ・内閣情報部が国民歌「愛国行進曲」の歌詞を公募。約5万8千の応募（12・26「愛国行進曲」演奏発表会、レコード100万枚売れる）（岩①、②、⑥、⑧） ・警視庁、東京市内の深夜「流し円タク」を禁止（岩②、⑥、⑧） ・内閣情報部設置（岩①、②） ・工場事業場管理令公布	・ムッソリーニ、初の独公式訪問（⑧、⑪） ・八路軍、平型関で日本軍第5師団に打撃（岩④）
26日	日		・（印）会議派により全インドで中国連帯デーが行なわれる（岩④） ・ベッシー・スミス没（⑧）
27日	月	・不拡大派の石原莞爾が関東軍副参謀長に ※参謀本部第一部長より（④、⑪）	・国際連盟、中国都市空爆に関し日本非難の決議作成（岩②）
28日	火	・経済団体連盟設立（岩②）（日本経済連盟会など8団体の時局対策連合協議会） ・中央線で車内放送開始（⑩） ・日本婦人団体連盟設立　婦人矯風会・日本女医会・婦選獲得同盟など民間の13婦人団体、非常時局打開克服を目的に（岩①、②、⑧） ・閣議、海外留学・派遣の抑制を決定（38年9月、文科関係中止決定）（岩②、⑧）	・国際連盟総会で日本軍による中国の都市空爆に対する非難決議を満場一致で採択（岩②、④、⑧） ・（米）オレゴン州コロンビア川のボンネビル・ダム、完成（⑨）
29日	水		
30日	木		

10月

日	曜	事項
1日	金	・東京市で出征兵士の留守宅に「出征兵士の家」の札を付ける（岩②、⑥、⑧） ・政府が冊子「我々は何をすべきか」1300万部を全国各戸に配布、朝鮮人には「皇国臣民の誓詞」を配布（岩①、②、⑥、⑧、⑪） ・五相会議、「支那事変対処綱領」を決定（岩①、②、⑧、⑪） ・国債通運など7社合併し日本通運設立（⑧） ・国際通運㈱など7社合併し日本通運㈱設立（資本金3500万円）（岩②） ・〈喜の音〉（主筆浅見仙作）※具体的日程記載なし（岩②） ・松村梢風原作・巌谷真一脚色〈残菊物語〉初演（明治座、新派）※具体的日程記載なし（岩②） ・火野葦平〈糞尿譚〉（〈文学会議〉）（岩②） ・朝鮮人に「皇国臣民の誓詞」配布（岩④）
2日	土	・寿屋からサントリーウィスキー12年が発売される。
3日	日	
4日	月	・ヴァルガ著・永住道雄訳〈世界経済恐慌史〉（〜38・6・18　2冊）（岩②）

10月			
5日	火	・暴風雨が北海道東部に襲来、漁船転覆などで死者・行方不明者60人（⑩）	・米国のフランクリン・ルーズベルト大統領、シカゴで侵略国（日本とドイツ）を批判する「隔離」演説（岩②、④、⑥、⑦、⑧、⑨、⑪）（岩④）「防疫演説」 ・ムッソリーニが伊紙上で日本の対中国行動を是認（⑧）
6日	水	・国際連盟総会、日本の行動非難の決議を採択（岩①、②、④、⑥、⑧）	
7日	木		
8日	金		
9日	土	・資金前渡・前金払・概算払・随意契約に関する件公布（岩②） ・長塚節作・伊藤貞助脚色〈土〉初演（築地小劇場、新築地劇場団、～10・18）（岩②、⑧）	・現在の中国河北省正定において、カトリックの司教ら9人が誘拐・殺害される（正定事件）※下記参考文献には記載なし
10日	日	・東京の公衆浴場で「朝湯」を廃止。戦争による燃料不足のため（岩②、⑥、⑧、⑪）	・ハンガリーのファシスト諸団体が「矢十字党」を結成（岩①、⑧） ・大リーグ第34回ワールド・シリーズ（⑨）
11日	月	・商工省、臨時輸出入許可規則を公布（綿花などの輸入制限、ぜい沢品の輸入禁止、軍需資材の輸出禁止）（岩②、⑧）	
12日	火	・国民精神総動員中央連盟結成（岩①、②、④、⑥、⑧）	・華中・華南の紅軍、新四軍に改編（軍長葉挺、服軍長項英）（岩②、⑧、⑪）

13日	水	・国民唱歌放送開始。第1回「海ゆかば」は19日まで放送（⑥） ・穂積重遠・中川善之助編〈家族制度全集〉（〜38・2・20　10巻、河出書房）（岩②） ・東宝は松竹京都撮影所の人気俳優、林長二郎を引き抜いたと発表（⑪）	・独がベルギーに対して対独軍事行動をとらねば独立保全を保障すると通告
14日	木	・臨時電力調査会官制公布［勅］（電力国家管理問題を審議）（岩②）	
15日	金	・臨時内閣参議官制公布（岩②、⑪）	
16日	土	・第一回（新）文展開催（府美、〜11・20）松園〈草紙洗小町〉、契月〈麦拒〉など（岩①、②、⑪）	・ハンガリーのファシスト諸団体、サーロシー指導下に国家社会主義党結成（岩②、⑧） ・チェコ警察、ズデーテン＝ドイツ人党の集会を禁止（党首ヘンライン、政府にズデーテン＝ドイツ人の完全自治を要求）（岩②、⑧）
17日	日	・全日本労働総同盟、ストライキ絶滅運動など3大方針決定（岩①、②、⑧）	・（チェコスロヴァキア）ズデーテン・ドイツ人蜂起（岩④）
18日	月	・全日本労働総同盟、罷業絶滅・戦争指示を決議	
19日	火		・アーネスト・ラザフォード没（⑧）
20日	水		
21日	木		・フランコ軍がヒホン占領。スペイン北西部をほぼ制圧（⑧、⑪）

10月

日	曜		
22日	金	・パリ万国博覧会で日本館が設計賞を受賞（岩②、⑧） ・中原中也没（07生、31歳）。38・4・15〈在りし日の歌〉刊（岩②、⑧）	
23日	土	・ハンドボール初の正式試合（岩②、⑧）	・（ハンガリー）民族社会主義党（矢十字党）結成（岩④）
24日	日		
25日	月	・企画院設置（企画庁拡充）（岩①、②、⑪） ・日本鉄屑銃制会社設立（⑪） ・高坂正顕〈歴史的世界〉（岩②） ・栃木県の種蓄所の養鶏が年間産卵362個の世界新記録（⑩）	
26日	火	・日本軍が金門島（大陽鎮）を占領（⑧、⑪）	・チェコ警察、ズデーテン＝ドイツ人党の集会禁止（⑪）
27日	水	・日本軍が上海線第一線を突破、江湾鎮・閘北を占領（⑧） ・島木健作〈生活の探求〉。38・6・17〈続生活の探求〉（岩②）	・蒙古連盟自治政府、樹立（主席雲王、副主席徳王）（岩②、④、⑥）
28日	木		・スペイン共和国政府、バレンシアからバルセロナに移る（岩②、⑪）
29日	金		・インド国民会議派、日本の中国侵略を非難。日本製品ボイコットを決議（岩②、⑥、⑧） ・内蒙古自治政府成立（岩①）
30日	土		・（中）重慶遷都決定（岩④）

31日	日		・スペイン共和国政府、バレンシアからバルセロナに移る（⑧）
11月			
1日	月	・北条秀司〈華やかなる夜景〉初演（明治座、井上正夫主演、12月〈舞台〉）※具体的日程記載なし（岩②）	・メキシコ政府、スタンダード石油会社の採油権の国有化を宣言（岩②、⑧、⑨）
2日	火	・廣田弘毅外相、駐日ドイツ大使に対中和平案を提示。駐華ドイツ公使トラウトマンによる和平工作が始まる（岩②、⑥、⑧、⑪）	
3日	水		・ブリュッセルで九カ国条約会議開催、日本を非難する宣言採択（〜11・15日本の国際法違反を非難）（岩①、②、⑧）
4日	木	・戦艦「大和」が呉工廠で起工（⑪）	
5日	金	・陸軍第10軍が上海の南の杭州湾から上陸（岩①、②、⑥、⑧、⑪） ・トラウトマン駐華ドイツ大使、日本の和平条件を中華民国に通告（トラウトマン和平工作の開始）（岩①、④、⑥、⑪） ・木下尚江没（⑧）	・ヒトラー、総統官邸で外相・軍部指導者と秘密会談、生活圏獲得の戦争計画を提示（〈ホスバッハ覚書〉に記録）（岩②、④、⑧、⑪）
6日	土	・金沢常雄の雑誌〈信望愛〉、12・3政池仁〈基督教平和論〉（再販）など、非戦思想の故に発禁（岩②）	・イタリア、日独防共協定に参加（岩②、④、⑥、⑧）
7日	日	・中国上陸部隊を再編成するため、中支那方面軍を編成し、司令官に松井石根陸軍大将をあてる（岩②、⑥、⑧、⑪）	

11月

日	曜		
8日	月	・京大の中井正一、新村猛ら「世界文化」グループが治安維持法違反容疑で検挙される。※土方成美、矢内原忠雄の言論を非難（岩①、②、⑥、⑧）	・（タイ）国会議員の直接選挙（岩④）
9日	火	・日本軍が太原占領	・（ブラジル）反ヴァルガス派サーレス、政府弾劾（岩④） ・ジェームズ・マクドナルド没（⑧）
10日	水	・和人伝〈沃土〉（岩②） ・井伏鱒二〈ジョン万次郎漂流記〉（岩②） ・渡辺仁設計、東京帝室博物館本館・庁舎復興成り竣工式。38・11・10開演（岩②、⑧）	・ブラジルのヴァルガス政権、新憲法を発布（岩①、②、⑧）（大統領独裁制を確立） ・（ブラジル）ヴァルガス派陸相ドゥトラを中心とするクーデタ、ヴァルガスの「新国家」体制開始（岩④）
11日	木	・日本軍、上海占領。日本軍側戦死者9115人（⑧） ・群馬県小串鉱山で山津波、死者・行方不明163人（岩②、⑧、⑪）	
12日	金	・林長二郎（のちの長谷川一夫）、松竹から東宝への移籍騒動により、暴漢に頭を切られる（岩②、⑥、⑪）	
13日	土		
14日	日	・海軍航空隊、蘇州へ追撃戦（⑪）	
15日	月	・信時潔作曲〈海ゆかば〉刊（岩②、⑧） ・社会大衆党が年次大会で無産運動から転換（⑧、⑪）	

日	曜		
16日	火	・関東・東北地方で初の防空演習（⑧） ・少額国債「愛国債権」売り出し（岩②、⑥、⑧）	・中国国民政府、首都を南京から重慶に遷都することを決定（⑥）
17日	水	・陸軍省、大本営設定を発表（⑪）	
18日	木	・大本営令公示（11・20設置）（岩②） ・戦時大本営条例を廃止する旨公布（岩②） ・野村廉太郎〈英国資本主義の成立過程〉（岩②） ・〈限りなき前進〉（日活、内田吐夢監督、小杉勇・轟夕起子主演）封切（岩②、⑧）	・フランス王党派〈カラグール「＝頭巾」団〉による共和制転覆の暴動計画発覚（岩②、⑧、⑪）
19日	金	・日本軍、蘇州・嘉興占領（⑧） ・吉井由吉誕生（⑧）	・英ハリファックス卿、ベルヒテスガーデンにヒトラー訪問、英独強調を打診（岩②、⑧）
20日	土	・宮中に大本営設置（岩①、②、⑥、⑧） ・陸・海軍部に報道部を設ける（岩①、②、⑥）（38年9月陸軍省新聞班、情報部と改称） ・ウェーバー著・戸田武雄訳〈社会科学と価値判断の諸問題〉（岩②）	・国民政府、南京より重慶へ遷都（岩②、⑧、⑪）
21日	日		・英、スペイン反乱派政府と通商開始（⑧）
22日	月	・蒙古連盟・察南・晋北の3自治政府、関東軍の指導で蒙疆連合委員会を結成（岩②）	
23日	火		

11月	24日	水	・東京帝大経済学部長土方成美、教授会で矢内原忠雄の言論活動を非難。12・1矢内原、辞表提出12・4退官（岩②、⑧、⑪）	
	25日	木		
	26日	金	・一水会第1回展（府美、～12・10）安井〈肖像（深井英五氏像）〉、山下新太郎〈姉妹〉など（岩②）	
	27日	土	・昭和研究会の後藤隆之助、近衛首相に中国との和議の好機と進言。近衛首相は「もやはそうする力なし」と返答⑪	
	28日	日		
	29日	月		・イタリアが満洲国を承認（⑧）
	30日	火	・大阪商科大学経済研究所編〈世界経済年表〉出版（岩②）	・フランコ軍がソ連などの人民戦線政府援助阻止のため、スペイン沿岸封鎖宣言（⑪）
12月	1日	水	・大本営、松井司令官に南京攻略を下命（⑥、⑧） ・東大教授矢内原忠雄、「国家の理想」（『中央公論』9月号）が反戦思想であると学内の右翼教授らに非難され、辞職（岩②、⑧、⑪） ・農村負債整理資金特別融通および損失補償法施行（岩②） ・米穀応急措置法（岩②） ・ＮＨＫ、東京放送局に１５０kW放送機設置（全機国産）※具体的日程記載なし40・5・26使用開始（岩②）	・国民政府、南京より重慶へ遷都。重慶に移転（岩①） ・（タイ）欧米15カ国との間に平等条約を締結し完全な自主権を獲得する。この年、マラヤ・インド人中央協会結成。※具体的日程記載なし（岩④） ・（ベトナム）サイゴンのトロツキストと共産党の共闘崩れる（岩④）

日	曜日	国内	海外
		・（財）大倉精神文化研究所設立認可（岩②） ・堀辰雄〈かげろふの日記〉出版（〈改造〉） ※具体的日程記載なし（岩②） ・日本政府、フランコ政権を承認、翌日にはフランコ政権が満州国を承認（⑧、⑪）	
2日	木	・北村喜八主宰、村瀬幸子を中心とした芸術小劇場、築地小劇場で第1回公演、デュマ原作〈椿姫〉上演（～12・8）（岩②、⑧） ・映画「ヨシハラ」が上映禁止（⑪）	・スペイン新政府成立、フランコが総統に就任（⑧、⑪） ・ブラジル大統領ヴァルガス、全政党を解散　政党解散令によりインテグラリスタ党が解散（岩④、⑧） ・トラウトマン駐華独大使、南京で蔣介石と会見、蔣介石はヒトラーの介入による停戦を交渉前提に提示（⑪）
3日	金	・朝鮮の学校に天皇の写真を配る（⑧）	
4日	土		
5日	日	・春日庄次郎ら、大阪で日本共産主義者団を結成（岩①、②、⑧、⑪） ・北条民雄没（⑧） ・大日本関西相撲協会が解散を決定。有力力士は東京相撲に編入（⑪）	
6日	月		
7日	火	・内務省、活動写真の興行時間（3時間以内）、フィルムの長さを制限（岩②、⑧）	・中国南京市から総統蔣介石夫妻、ファルケンハウゼンらドイツ軍事顧問、中国政府高官及び、南京市長らが脱出

12月

日	曜		
8日	水	・陸相、トラウトマンに南京総攻撃の中で独仲介を断る旨申し入れ（⑪）	
9日	木	・松井司令官、南京城を包囲し降伏勧告を発する（⑥） ・司法省、出征軍人の委託による戸籍の届出につき本人死亡後でも受理すべきことを訓令（岩②、⑧）	
10日	金	・南京に総攻撃を開始（⑥、⑧） ・佐波亘編〈植村正久と其の時代〉（～43・2・10　7巻）（岩②） ・教育審議会官制公布⑦ ・木村義雄八段、将棋名人位を獲得。以後、10年間守り続ける（⑥）	・親日派の山西省臨時政府成立（⑧）
11日	土	・南京陥落の祝賀行事行なわれる（岩①、②） ・逓信省営繕課山田守ら設計の東京逓信病院成る（岩②、⑧）	・イタリア王国が国際連盟を脱退（岩①、②、④、⑥、⑦、⑧、⑪）
12日	日	・南京城内突入（⑥、⑪） ・海軍機が米砲艦パネー号を撃沈、陸軍が英艦レディーバード号を誤射撃（岩①②④、⑧、⑪） ・『東京日日新聞』紫金山麓の浅海、鈴木両特派員発の「百人斬り」を報道（⑪）	・第1回ソ連邦最高ソビエト委員総選挙（岩②、⑧） ・（米）海軍砲艦パナイ号と商船3隻、南京沖合の揚子江で日本軍航空機によって撃沈される（⑨）

日	曜		
13日	月	・日本軍が南京城を陥落、以降、中国の首都であった南京を占領する。第二次世界大戦後、捕虜や市民への大量虐殺・掠奪行為があったとして東京裁判で追及される（岩①、②、④、⑥、⑧、⑪）岩②、⑧には被害者20万人の記載	
14日	火	・12日の誤射撃に対し、政府が英米に謝罪し賠償金を払う（岩②、⑧） ・中華民国臨時政府、北支那訪問軍の指導で北平に成立（行政委員長王克敏）（岩②、④、⑧、⑪） ・大本営政府連絡会議で外相がディルクセン独大使に示した和平条件に末次・杉山・賀屋三大臣が異議、近衛首相終始沈黙、中国側に過重な条件となる（⑪） ・東京など全国で南京陥落の祝賀提灯行列（⑪）	
15日	水	・第一次人民戦線事件。山川均、加藤勘十、鈴木茂三郎ら労農派など446人を治安維持法違反容疑で一斉検挙（岩①、②、④、⑥、⑧、⑪） ・中国南京市で第13師団山田支隊が幕府山砲台付近で1万4千余を捕虜とし、非戦闘員を釈放し、約8千余を収容したところ、夜に半数が逃亡	・スペイン、人民戦線軍がフランコ軍のマドリード進行阻止のため、テルエルを攻撃開始（⑪）

12月			
15日	水	・和辻哲郎・田辺元・西田幾多郎・山田孝雄・小泉信三ら、教学局参与となる（岩②、⑧） ・高橋睦郎誕生（⑧）	
16日	木		
17日	金	・千日前の大阪劇場全焼（⑧） ・東京地裁、帝人事件で全被告無罪の判決。検察ファッショの非難起こる（⑩）	
18日	土	・南京故宮飛行場の慰霊祭で松井石根指揮官の演説（⑪）	
19日	日		
20日	月	・京都帝大満蒙調査会編（羽田亨など）〈満和辞典〉（岩②）	
21日	火	・警視庁、高音取締規則公布（岩②、⑧）	・（米）ウォルト・ディズニー制作のアニメ映画『白雪姫』、ロサンゼルスで公開（⑨） ・ジェーン・フォンダ誕生（⑧）
22日	水	・日本共産党・日本労働組合全国評議会結社禁止（岩①、②、⑧） ・外相、独大使に和平4条件を提出、大使は「これではまとまる見込はない」と嘆息（12・26トラウトマン駐華大使より中国に提示）（⑪）	
23日	木		・朝鮮の各級学校で天皇の写真の奉安敬拝が強要される（岩①）

24日	金	・第101師団、杭州に無血入城（⑥） ・第73議会召集（12・26開会、38・3・26閉会）（岩①、②）	
25日	土	・風早八十二〈日本社会政策史〉（岩②） ・清水幾太郎〈流言蜚語〉（岩②） ・徳永直は『太陽のない街』、『失業都市東京』他の著書を絶版にすると出版元に通告（⑧、⑪）	・中共、対時局宣言を発し、遊撃戦の展開・大衆動員を主張（岩②）
26日	日	・「愛国行進曲」演奏発表会開催。レコードは100万枚売れる（⑧）	
27日	月	・日本産業株式会社（のちの日産自動車）が、満洲重工業開発株式会社（総裁・鮎川義介）に改組。本格的に満洲進出。日産コンツェルンの満州移駐。資本金4億5000万円（岩①、②、⑥、⑪） ・綿製品・スフ等混用規則公布　商工省、綿製品・スフ等混用（30%）規制を公布38・2・1施行（岩①、②、⑧、⑪） ・京都帝大文学部に日本精神史講座を設置[勅]（38・1・15東京帝大に日本精神史講座、各38年4月、開講）（岩②、⑧） ・内務省警保局、雑誌社に対し岡邦雄・戸坂潤・林要・宮本百合子・中野重治・鈴木安蔵・堀真琴の原稿掲載を見合わせるよう内示（岩②、⑧）	

12月

28日	火	・九金以上の金製品の製造を禁止（⑪）	・ルーマニア王国カロル2世、国家キリスト教党のゴーガを首相に任命（反ユダヤ政策を実施）（岩②、⑧） ・モーリス・ラヴェル没（⑧）
29日	水	・全農、小作組合より勤労農民全体の運動に再出発を声明（岩②、⑧）	・アイルランド自由国で新憲法施行、エールに改名（⑧）
30日	木		・（比）タガログ語を国語の基礎とする大統領宣言（岩④）
31日	金		

作成者：倉山満、奥野義一、山田忠弘、柿本夏紀

【参考文献】

・歴史学研究会編『日本史年表 第五版』（岩波書店、二〇一七年）…年表上、岩①と表記
・岩波書店編集部編『近代日本総合年表 第四版』（岩波書店、二〇〇一年）…年表上、岩②と表記
・中村政則編『昭和時代年表 増補版』（岩波書店、一九八六年）…年表上、岩③と表記
・歴史学研究会編『世界史年表　第二版』（岩波書店、二〇〇一年）…年表上、岩④と表記
・加藤友康編『日本史総合年表 第二版』（吉川弘文館、二〇〇五年）…年表上、⑤と表記
・菊池信平編『昭和十二年の「週刊春秋」』（文藝春秋、二〇〇七年）…年表上、⑥と表記

・東京学芸大学日本史研究室編『日本史年表第五版』（東京堂出版、二〇一四年）…年表上、⑦と表記
・毎日新聞社『二十世紀年表』（毎日新聞社、一九九七年）…年表上、⑧と表記
・『アメリカ史「読む」年表事典』（株式会社原書房、二〇一四年）…年表上、⑨と記載
・平凡社『新訂版　昭和・平成史年表』（平凡社、二〇〇九年）…年表上、⑩と記載
・西井一夫編集『昭和史全記録』（毎日新聞社、一九八九年）…年表上、⑪と記載

【注記】

本年表は、以上の十一の文献より引用する形で、昭和十二年学会事務局で作成した。文責はすべて事務局長の倉山にある。

可能な限り、原典の表記に従った。「満洲」と「満州」が不統一なのはその理由による。現在の慣用的な表現に従っていない部分も、その理由による。（例）「生存圏」→「生活圏」

その他は年表中に随時、※で注記した。

著者紹介

宮脇淳子（みやわき・じゅんこ）

1952年和歌山県生。京都大学文学部卒業。大阪大学大学院満期退学。博士（学術）。東洋史専攻。大学院在学中から、岡田英弘よりモンゴル語・満洲語・中国史を、その後、山口瑞鳳（現東京大学名誉教授）よりチベット語・チベット史を学ぶ。東京外国語大学アジア・アフリカ言語文化研究所共同研究員、東京外国語大学非常勤講師、東京大学非常勤講師等を歴任。主著に『モンゴルの歴史』（刀水書房）『最後の遊牧帝国』（講談社）『世界史のなかの満洲帝国と日本』（ワック）『真実の中国史』『真実の満洲史』（ビジネス社）『韓流時代劇と朝鮮史の真実』（扶桑社）『日本人が教えたい新しい世界史』（徳間書店）等。

倉山 満（くらやま・みつる）

1973年香川県生。憲政史研究者。1996年、中央大学文学部史学科を卒業後、同大学院博士前期課程を修了。在学中より国士舘大学日本政教研究所非常勤研究員を務める。主著に『検証　財務省の近現代史』（光文社、2012年）、『お役所仕事の大東亜戦争』（三才ブックス、2015年）、『学校では教えられない歴史講義　満洲事変』（KKベストセラーズ、2018年）等。

藤岡信勝（ふじおか・のぶかつ）

1943年北海道生。教育研究者。北海道大学大学院教育学研究科博士課程単位取得。北海道教育大学助教授、東京大学教授、拓殖大学教授を歴任。1995年自由主義史観研究会を組織し、『教科書が教えない歴史』（全4巻、産経新聞社）を刊行。1997年「新しい歴史教科書をつくる会」の創立に参加、現在同会副会長。著書・編著に『社会認識教育論』（日本書籍）『通州事件　目撃者の証言』（自由社ブックレット）『国難の日本史』（ビジネス社）『条約で読む日本の近現代史』（祥伝社新書）等。

昭和《しょうわ》12年《ねん》とは何《なに》か

2018年11月10日　初版第1刷発行©
2019年 1月15日　初版第2刷発行

著　者　宮脇淳子
　　　　倉山　満
　　　　藤岡信勝

発行者　藤原良雄

発行所　株式会社 藤原書店

〒162-0041　東京都新宿区早稲田鶴巻町523
電　話　03（5272）0301
FAX　03（5272）0450
振　替　00160 - 4 - 17013
info@fujiwara-shoten.co.jp

印刷・製本　中央精版印刷

落丁本・乱丁本はお取替えいたします
定価はカバーに表示してあります

Printed in Japan
ISBN978-4-86578-194-6

ビッグスリーが繰り広げる駆け引き

奇妙な同盟Ⅰ・Ⅱ

（ルーズベルト、スターリン、チャーチルは、いかにして第二次大戦に勝ち、冷戦を始めたか）

J・フェンビー　河内隆弥訳

一九四一年八月の大西洋会談から四五年八月の日本降伏まで、数々の挿話・秘話を散りばめた、二十世紀で最も重要な指導者たちの四年間の物語。「スターリンは寡黙だったが、ルーズベルトは始終とりとめなく話し、チャーチルは際限なく喋った」。

口絵各八頁

四六上製　Ⅰ三六八頁　Ⅱ三八四頁　**各二八〇〇円**

（二〇一八年三月刊）

Ⅰ◇978-4-86578-161-8

Ⅱ◇978-4-86578-162-5

ALLIANCE　Jonathan FENBY

日本人の食生活崩壊の原点

「アメリカ小麦戦略」と日本人の食生活

鈴木猛夫

なぜ日本人は小麦を輸入してパンを食べるのか。戦後日本の劇的な洋食化の原点にあるタブー〝アメリカ小麦戦略〟の真相に迫り、本来の日本の気候風土にあった食生活の見直しを訴える問題作。

［推薦］幕内秀夫

四六並製　二六四頁　**二二〇〇円**

（二〇〇三年二月刊）

◇978-4-89434-323-8

屈辱か解放か

ドキュメント占領の秋 1945

毎日新聞編集局　玉木研二

一九四五年八月三十日、連合国軍最高司令官マッカーサーは日本に降り立った——無条件降伏した日本に対する「占領」の始まり、「戦後」の幕開けである。新聞や日記などの多彩な記録から、混乱と改革、失敗と創造、屈辱と希望の一日一日の「時代の空気」たちのぼる迫真の再現ドキュメント。

写真多数

四六並製　二四八頁　**二〇〇〇円**

（二〇〇五年一二月刊）

◇978-4-89434-491-4

百枚の写真と手紙で知る、古都の光と闇

米軍医が見た占領下京都の六〇〇日

二至村　菁　日野原重明＝推薦

占領軍政を耐える日本人群像を、GHQ未発表資料や証言とともに、二十五歳の米軍医の眼をとおして鮮やかに描くノンフィクション物語。

「戦争はどんな人間をもクレージーにしてしまうほど異常な事態です。太平洋戦争中の731部隊の行動はその後どのような影響をもたらしたのか、それが本書によって明白にされています。」（日野原重明）

カラー口絵一六頁

四六上製　四四〇頁　**三六〇〇円**

（二〇一五年九月刊）

◇978-4-86578-033-8

「文明の衝突は生じない。」

文明の接近

〈「イスラームvs西洋」の虚構〉

E・トッド、Y・クルバージュ

石崎晴己訳

「米国は世界を必要としているが、世界は米国を必要としていない」と喝破し、現在のイラク情勢を予見した世界的大ベストセラー『帝国以後』の続編。欧米のイスラーム脅威論の虚構を暴き、独自の人口学的手法により、イスラーム圏の現実と多様性に迫った画期的分析！

四六上製　三〇四頁　二八〇〇円
（二〇〇八年二月刊）
◇978-4-89434-610-9

LE RENDEZ-VOUS DES CIVILISATIONS
Emmanuel TODD, Youssef COURBAGE

トッドの主著、革命的著作！

世界の多様性

〈家族構造と近代性〉

E・トッド

荻野文隆訳

弱冠三二歳で世に問うた衝撃の書。コミュニズム、ナチズム、リベラリズム、イスラム原理主義……すべては家族構造から説明し得る。「家族構造」と「社会の上部構造（政治・経済・文化）」の連関を鮮やかに示し、全く新しい世界像と歴史観を提示！

A5上製　五六〇頁　四六〇〇円
（二〇〇八年九月刊）
◇978-4-89434-648-2

LA DIVERSITÉ DU MONDE
Emmanuel TODD

日本の将来への指針

デモクラシー以後

〈協調的「保護主義」の提唱〉

E・トッド

石崎晴己訳＝解説

トックヴィルが見誤った民主主義の動因は識字化にあったが、今日、高等教育の普及がむしろ階層化を生み、「自由貿易」という支配層のドグマが、各国内の格差と内需縮小をもたらしている。ケインズの名論文「国家的自給」（一九三三年）も収録！

四六上製　三七六頁　三二〇〇円
（二〇〇九年六月刊）
◇978-4-89434-688-8

APRÈS LA DÉMOCRATIE
Emmanuel TODD

自由貿易推進は、是か非か

自由貿易は、民主主義を滅ぼす

E・トッド

石崎晴己編

「自由貿易こそ経済危機の原因だと各国指導者は認めようとしない」「ドルは雲散霧消する」「中国が一党独裁のまま大国化すれば民主主義は不要になる」――米ソ二大国の崩壊と衰退を予言したトッドは、大国化する中国と世界経済危機の行方をどう見るか？

四六上製　三〇四頁　二八〇〇円
（二〇一〇年一二月刊）
◇978-4-89434-774-8